ABHANDLUNGEN
DER AKADEMIE DER WISSENSCHAFTEN DER DDR

Abteilung Veröffentlichungen der Wissenschaftlichen Räte
Jahrgang 1983 · Nr. W 1

# Zur Rechtsentwicklung im Prozeß der sozialistischen ökonomischen Integration

AKADEMIE-VERLAG · BERLIN 1983

Herausgegeben im Auftrage des Präsidenten
der Akademie der Wissenschaften der DDR
von Vizepräsident Prof. Dr. Heinrich Scheel

Verantwortlich für dieses Heft:
Prof. Dr. Gerhard Schüßler
Vorsitzender des Rates für staats- und rechtswissenschaftliche Forschung
an der Akademie der Wissenschaften der DDR

ISSN 0302-8054
Erschienen im Akademie-Verlag, DDR-1086 Berlin, Leipziger Str. 3–4

Lizenznummer: 202 · 100/72/83
Gesamtherstellung: VEB Druckerei „Gottfried Wilhelm Leibniz",
4450 Gräfenhainichen · 5978
Bestellnummer: 754 254 4 (2001/83/1/W) · LSV 0435
Printed in GDR
DDR 6,– M

# Inhaltsverzeichnis

# Vorwort

Auf dem XXVI. Parteitag der KPdSU und dem X. Parteitag der SED wurde die weitere Vertiefung der sozialistischen ökonomischen Integration als eine erstrangige Aufgabe der RGW-Mitgliedsländer bezeichnet. Beide Parteitage brachten übereinstimmend zum Ausdruck, daß die sozialistische ökonomische Integration eine entscheidende Bedingung für die Lösung der wirtschafts- und sozialpolitischen Aufgaben der sozialistischen Staaten und die Festigung der sozialistischen Staatengemeinschaft darstellt.

Die in der vorliegenden Abhandlung zusammengefaßten Beiträge machen deutlich, welche ökonomischen Prozesse sich gegenwärtig in der sozialistischen internationalen Zusammenarbeit vollziehen und welche Fragen sich daraus für die Leitungstätigkeit der sozialistischen Staaten und die Wirtschaftstätigkeit der sozialistischen Wirtschaftsorganisationen ergeben.

Differenziert werden Probleme der Herausbildung und Entwicklung des Rechtszweiges Internationales Wirtschaftsrecht und seine Bedeutung als Instrument zur Steuerung und Regelung internationaler ökonomischer Prozesse der RGW-Mitgliedsländer behandelt. Fragen der weiteren Vervollkommnung, der wirksameren Anwendung und Nutzung des sozialistischen Rechts bei der Gestaltung internationaler Wirtschaftsbeziehungen im Rahmen der sozialistischen ökonomischen Integration, insbesondere unter dem Aspekt der Anforderungen der 80er Jahre werden erörtert.

Manfred Kemper, Lothar Rüster, Heinz Strohbach

# Die Rolle des Rechts in der sozialistischen ökonomischen Integration

## Thesen

**1.1.** Die sozialistische ökonomische Integration ist ein Merkmal des entwickelten Sozialismus. Ihr liegt die objektiv wirkende Tendenz der Vergesellschaftung der Produktion, der Internationalisierung des Wirtschaftslebens zugrunde. Ihre weitere Vertiefung ist eine entscheidende Bedingung für die Lösung der wirtschafts- und sozialpolitischen Aufgabenstellung der sozialistischen Staaten, für Erfolge in der Auseinandersetzung mit dem Imperialismus und für die Einheit und Geschlossenheit der sozialistischen Staatengemeinschaft.

**1.2.** Wesentlicher Inhalt der sozialistischen ökonomischen Integration ist die zunehmende Ergänzung und Verflechtung der Volkswirtschaftskomplexe der RGW-Länder durch die Entwicklung entsprechender arbeitsteiliger Beziehungen. Hauptrichtungen sind hierbei die gemeinsamen Anstrengungen zur Sicherung der Brenn- und Rohstoffbasis und zur Schaffung einer integrierten Roh- und Brennstoffwirtschaft der RGW-Länder, die Organisierung einer tiefgreifenden internationalen Spezialisierung und Kooperation mit dem Ziel der effektiven Produktion qualitativ hochwertiger Erzeugnisse sowie die Entwicklung einer auf Spitzenleistungen orientierten, ökonomisch nutzbringenden Wissenschaftskooperation. Diese Prozesse beeinflussen im starken Maße die Stabilität und Dynamik der ökonomischen und sozialen Entwicklung in jedem einzelnen Land der sozialistischen Gemeinschaft.

**1.3.** Ausmaß und Tempo der Integrationsprozesse hängen maßgeblich von den objektiven Bedingungen, insbesondere den verfügbaren bzw. zu mobilisierenden Ressourcen ab, wesentlich für die volle Nutzung der Möglichkeit sind jedoch auch rationelle, entsprechend dem Reifegrad der Produktionsverhältnisse gestaltete Überbaubeziehungen. Hauptträger der Integrationsprozesse sind die sozialistischen Staaten. Sie sind durch ein komplexes System direkter Beziehungen zwischen ihren zentralen und wirtschaftsleitenden Organen verbunden, in das die Beziehungen zwischen ihren Wirtschaftsorganisationen und wissenschaftlich-technischer Einrichtungen eingebettet sind. Dieses Beziehungsgefüge wird gebildet durch Abkommen und Verträge und durch einen von den Staaten abgeleiteten, hierarchisch strukturierten Mechanismus internationaler multilateraler und bilateraler Organisationen, Organe und Institutionen, in dem der RGW die zentrale Stellung einnimmt. Sowohl die internationalen Vertragsbeziehungen als auch die institutionellen Elemente sind in das Gesamtsystem gesellschaflicher Leitung unter Führung der marxistisch-leninistischen Parteien der Länder der sozialistischen Gemeinschaft integriert.

**2.1.** Bei der rechtlichen Regelung dieser Integrationsbeziehungen waren und sind die RGW-Mitgliedsländer vor völlig neuartige Probleme gestellt. Das wird am ehesten deutlich, wenn man ihren Regelungsgegenstand und die Regelung selbst mit denen der ersten Etappe der sozialistischen internationalen ökonomischen Zusammenarbeit vergleicht.

In dieser Etappe dominierten zwischen den Mitgliedsländern des RGW Außenhandelsbeziehungen. Auch bei diesen Beziehungen handelte es sich zweifellos um eine historisch neue Qualität. Der einzelstaatlich geplante Außenhandel wird zwischenstaatlich koordiniert; der globale Tausch zwischen den staatlich-sozialistischen Eigentümern wird in entfalteten Ware-Geld-Beziehungen zwischen juristisch selbständigen Betieben vollzogen. Trotz der Neuartigkeit dieser Beziehungen bereitete ihre rechtliche Regelung jedoch keine besonderen Probleme.

**2.2.** Zur Regelung der zwischenbetrieblichen Beziehungen bediente man sich der Form des zivilrechtlichen Vertrages. Seine Ausgestaltung erfolgte mittels entsprechender Muster, die in der sowjetischen Handelspraxis entwickelt worden waren. Zur Regelung der zwischenstaatlichen Beziehungen knüpfte man an die Form der in den Beziehungen der UdSSR mit den meisten kapitalistischen Staaten üblichen Handels- und Zahlungsabkommen an, die das beiderseitige Handelsvolumen in Warenlisten und die wechselseitige Verrechnung im Clearing festlegten.

Allerdings wurden an beiden Formen Änderungen vorgenommen, die zwar quantitativ kaum ins Gewicht fielen, ihre Qualität jedoch veränderten. In den Handelsabkommen übernahmen die sozialistischen Staaten wechselseitige Liefer- und Abnahmeverpflichtungen und zwischen den Betrieben wurde das Prinzip der Vertragsfreiheit wesentlich modifiziert (Pflicht zur Erfüllung des Außenhandelsplanes und damit zum Vertragsabschluß gegenüber dem eigenen Staat; Umwandlung zahlreicher Normen in solche zwingenden Charakters; spezielles Preissystem).

**2.3.** Die Regelung dieser Verhältnisse wurde trotz ihrer Neuartigkeit relativ problemlos vollzogen, weil es gelang, sie zu zerlegen und sie auf drei herrkömmliche Strukturen zu reduzieren: Beziehungen zwischen den Staaten, Beziehungen zwischen dem jeweiligen Staat und seinen Betrieben und Beziehungen zwischen einander gleichberechtigten Betrieben verschiedener Staaten.

Erstere wurden in der geläufigen Form des völkerrechtlichen Handelsabkommens erfaßt. Die Beziehungen zwischen den einzelnen Staaten und ihren Betrieben wurden als verwaltungsrechtliche Beziehungen reflektiert und die Beziehungen zwischen den Betrieben galten – wie alle Ware-Geld-Verhältnisse – als durch das „einheitliche" Zivilrecht geregelt.

**2.4.** Im Rahmen der erwähnten Teilbeziehungen erfolgte die Regelung entsprechend dem neuen sozialökonomischen Charakter. Darüber hinaus war man auch bestrebt, die Komplexität der Gesamtbeziehungen zu berücksichtigen: Handelsabkommen als Form zwischenstaatlicher Leitungskoordinierung und Form des in Ware-Geld-Verhältnissen der Betriebe realisierten Austauschs zwischen den Staaten; innerstaatliche Umsetzung der Handelsabkommen im Rahmen wirtschaftsrechtlicher Planungsverhältnisse; Regelung der Lieferverträge durch eine weitgehend zwingende international-einheitliche direkte Regelung und durch ein von den Mitgliedsländern des RGW gemeinsam festgelegtes Preissystem. Allerdings waren der Berücksichtigung der Gesamtzusammenhänge durch die prinzipielle regelungsmethodische Differenzierung Grenzen gesetzt.

**2.5.** Die Rechtswissenschaft der DDR trug dieser Eigenart der rechtlichen Regelung sozialistischer internationaler Wirtschaftsbeziehungen – ihrer regelungsmethodischen Differenzierung einerseits, ihrer Komplexität andererseits – Rechnung, indem sie diese Regelung dem Völkerrecht, dem Wirtschafts- und Verwaltungsrecht sowie (als dessen autonomen Bestandteil) dem Zivilrecht zurechnete, sie jedoch zugleich in einem komplexen Rechtszweig „Recht der internationalen Wirtschaftsbeziehungen“ (RIW) oder „Internationales Wirtschaftsrecht“ (IWR) zusammenfaßte. Als komplexes Lehrgebiet und als komplexer Forschungsgegenstand fanden RIW/IWR auch bei den Rechtswissenschaftlern der anderen RGW-Mitgliedsländer weitestgehende Zustimmung – als komplexen Rechtszweig verstanden und verstehen das RIW/IWR außerhalb der DDR nur wenige Rechtswissenschaftler.

**3.1.** Sozialistische ökonomische Integration bedeutet insbesondere, daß die unmittelbare Koordinierung der Volkswirtschaftspläne der einzelnen Mitgliedsländer des RGW zum entscheidenden Instrument der Organisierung internationaler Arbeitsteilung wird. Diese Tendenz zeichnet sich seit Ende der 50er Jahre ab. Voll durchgesetzt hat sie sich nach dem Inkrafttreten des Komplexprogramms. Seitdem steht nun auch bezüglich der sozialistischen internationalen Wirtschaftsbeziehungen jene Frage, mit der das sozialistische Recht, die sozialistische Rechtswissenschaft hinsichtlich der einzelnen Volkswirtschaften seit langem konfrontiert ist: Ist die Wirtschaftsplanung Gegenstand rechtlicher Regelung und – falls diese Frage bejaht wird – welche Intensität muß diese Regelung aufweisen?

**3.2.** Auf den ersten Blick scheint die Spezifik der Planung ganzer Volkswirtschaften und erst recht deren Koordinierung im RGW-Bereich ihre rechtliche Regelung auszuschließen. Gegen eine rechtliche Regelung scheint das Entscheidungsrisiko zu sprechen, das wegen der sprunghaften technischen Innovation und der daraus (aber auch aus zahlreichen anderen Gründen, wie z. B. der Ressourcenverknappung, politische Krisen usw.) resultierenden Umwälzung der Weltmarktbedingungen rapide zunimmt. Hinzu kommt, daß sich die Zeitspannen zwischen dem Beginn der jeweiligen Planungs-/Koordinierungsprozesse und ihrer Realisierung in Produktion und Austausch ständig verlängern; im Rahmen der Fünfjahrplankoordinierung erstrecken sie sich bis zu 8 Jahren, bei Investkoordinierung betragen sie häufig mehr als ein Jahrzehnt. Hinzu kommt ferner die Komplexität der zu koordinierenden Prozesse, ihr Zusammenhang mit den Volkswirtschaften mehrerer Mitgliedsländer des RGW und zahlreicher Zweige innerhalb derselben, woraus u. a. die Notwendigkeit der Einbeziehung vieler einzelstaatlicher und internationaler Organe und Organisationen in jeden einzelnen Koordinierungsprozeß folgt. Die Gesamtheit dieser Ursachen begründet die Notwendigkeit, mehrfach die Koordinierung mit dem Ziel fortschreitender Präzisierung ihrer Ergebnisse zu wiederholen, und eine solche Verfahrensweise wiederum scheint mit dem klassischen juristischen Konzept „pacta servanda sunt“ unvereinbar.

**3.3.** Tatsächlich schließen diese Besonderheiten des Planungs-/Koordinierungsprozesses jedoch seine rechtliche Regelung nicht aus, sondern sie machen sie – allerdings in völlig neuartigen Formen – notwendig.

- Es bedarf der rechtlichen Regelung des institutionellen Mechanismus, um die Verantwortung und die Kompetenzen der einzelnen am Koordinierungsprozeß beteiligten Organe und Organisationen festzulegen und gleichzeitig die Gesamtverantwortung der beteiligten Staaten zu bestimmen. Direktbeziehungen zwischen den Ministerien und den Wirtschaftsorganisationen werden nicht außerhalb von Rechtsverhältnissen vollzogen, sondern sie entwickeln sich im Mantel völkerrechtlicher Verpflichtungen der Staaten oder als selbständige wechselseitige Verpflichtung der Organisationen. Die Kompetenzen der internationalen Organisationen und ihrer Organe sowie die Beziehungen zwischen ihnen sind durch Rechtsnormen geregelt und hierarchisch geordnet.
- Die Verfahrensabläufe des Planungs-/Koordinierungsprozesses müssen rechtlich

geregelt werden, weil mit der Bestimmung der Abfolge einzelner Schritte dieses Prozesses zugleich die Kompetenzen einzelner Strukturglieder zur Entscheidung über die volkswirtschaftliche Entwicklung der Mitgliedsländer des RGW festgelegt werden und damit die den sozialistischen Staaten als Souveränen gebührende Kompetenzen verteilt werden.

- Die Ergebnisformen des Planungs-/Koordinierungsprozesses müssen verbindlich sein, um die erforderliche Stabilität der Prozesse zu gewährleisten; gleichzeitig müssen die Bedingungen für Veränderungen ihres Inhaltes definiert sein, die wegen der Dynamik der zu koordinierenden Wirtschaftsentwicklung erforderlich sind.

**3.4.** Die Mitgliedsländer des RGW haben entsprechend diesen objektiven Erfordernissen die rechtliche Regelung der Planungszusammenarbeit gestaltet. Insbesondere durch Weiterentwicklung des RGW-Statuts sowie der Protokolle zwischen dem RGW und den anderen internationalen ökonomischen Organisationen haben sie die Struktur des gemeinsamen institutionellen Mechanismus der sozialistischen ökonomischen Integration geordnet. Sie haben die Verfahrensregelung inhaltlich weiterentwickelt und ihren juristischen Charakter in einem Bericht der Beratung für Rechtsfragen über die Plankoordinierung bestimmt. Schließlich haben sie erfolgreich an der Differenzierung der Verbindlichkeitsinhalte typischer Ergebnisformen der Planungszusammenarbeit gearbeitet. Mit Annahme des Berichtes über die Effektivitätserhöhung der Empfehlungen des RGW sowie mit der Regelung der „Übereinkunft" im neuen Ratsstatut und in den neuen Statuten der Ratsorgane haben sie die prinzipielle Verbindlichkeit dieser Ergebnisformen festgelegt. Gleichzeitig wurde vorgesehen, unter welchen Voraussetzungen die Verbindlichkeit eintritt und welche Konsequenzen damit verbunden sind, daß festgelegte Pflichten nicht erfüllt werden. Markanteste Empfehlungen in diesem Bereich sind die langfristigen Zielprogramme; wichtige Übereinkünfte werden vom Planungskomitee aber auch durch sein Büro und andere Organe im Rahmen der Plankoordinierung getroffen.

**4.1.** Im Prinzip ähnlich erfolgt die Organisierung der Spezialisierung und Kooperation. In einem komplizierten arbeitsteiligen Prozeß zwischen der entsprechenden Ständigen Kommission des RGW bzw. ihrem zuständigen Arbeitsorgan (Sektion) und zahlreichen anderen Organen des RGW (insbesondere dem Planungskomitee) sowie internationalen ökonomischen Organisationen des betreffenden Zweiges werden Maßnahmen festgelegt, die die Mitgliedsländer im Prozeß der Vorbereitung der Spezialisierung und Kooperation einzuleiten haben (Aufnahme in die Planprojekte, Erarbeitung von Verfahrenstechnologien usw.) Im Ergebnis der Zusammenarbeit werden von den betreffenden Mitgliedsländern des RGW Spezialisierungs-/Kooperationsabkommen unterzeichnet und in der Regel ständige Organe zu seiner Überwachung und Weiterentwicklung (sog. Rat der Bevollmächtigten – RdB) gebildet. Nach Abschluß dieses Abkommens schließen die zuständigen Außenhandelsunternehmen zu seiner Erfüllung entsprechende Außenhandelslieferverträge ab.

**4.2.** Häufig wird jedoch auch durch die Ständige Kommission bereits der Entwurf eines Spezialisierungs-/Kooperationsvertrages (SKV) verabschiedet und den Mitgliedsländern empfohlen,

- die zur Durchführung der Spezialisierungs-/Kooperation erforderlichen Leitungs-(Planungs-)Entscheidungen zu treffen und
- ihre zuständigen Industrie- und Außenhandelsbetriebe zum Abschluß dieses Wirtschaftsvertrages sowie zur Bildung eines zuständigen Organes auf ihrer

Ebene (sog. Beratung der Bevollmächtigten Vertreter der Seiten – BBVS) zu verpflichten.

Die Realisierung dieses Modells ist möglich, weil in den Delegationen, die die Mitgliedsländer in die Arbeitsorgane des RGW entsenden, die zuständigen Industrie- und Außenhandelsbetriebe vertreten sind, so daß die Vertragsentwürfe ganz konkret ausgearbeitet werden können. Für die betreffenden Spezialisierungs-/Koordinierungsverträge existiert in der Form der Allgemeinen Bedingungen der Spezialisierung und Kooperation der Produktion (ABSK) eine detaillierte Pflichten- und Verantwortlichkeitsregelung, wie sie bezüglich völkerrechtlicher Abkommen nicht besteht. Andererseits reicht die Verbindlichkeit der RGW-Empfehlungen in der Regel aus, um die Mitgliedsländer des RGW im erforderlichen Maße völkerrechtlich zu verpflichten, den Abschluß der SKV zu gewährleisten, bei Unmöglichkeit die Partner zu informieren und erneut zu verhandeln.

**5.1.** Die Entwicklung unmittelbarer Produktionsbeziehungen und der Übergang zur unmittelbaren Koordinierung der Produktionspläne verändern zwar die Rolle der Ware-Geld-Beziehungen zwischen den RGW-Ländern, aber sie mindern keineswegs ihre Bedeutung. Das gilt für sämtliche Elemente dieser Ware-Geld-Beziehungen, für den sozialistischen internationalen Handel, das sozialistische internationale Preissystem und das internationale sozialistische Währungssystem.

**5.2.** Der Einsatz des Warenaustausches zur Realisierung der im Wege unmittelbarer Koordinierung der Produktionspläne organisierten internationalen Arbeitsteilung erforderte die Entwicklung von Rechtsformen, die die unmittelbare Produktionskoordinierung mit der Planung und Realisierung der Austauschbeziehungen verbinden. Diese Funktion erfüllen v. a. die Protokolle der Vorsitzenden der zentralen staatlichen Planungsorgane über die Koordinierung der Fünfjahrpläne sowie die Spezialisierungs- und Kooperationsempfehlungen und -verträge.

Die Vorsitzendenprotokolle z. B. fixieren u. a. Struktur und Umfang der zur Realisierung der Produktionsbeziehungen erforderlichen gegenseitigen Warenlieferungen in entsprechenden Warenlisten und verpflichten die Staaten, Handelsabkommen entsprechenden Inhalts abzuschließen (pactum de contrahendo). In gleicher Richtung wirkt die Regelung der Spezialisierungs-/Kooperationsverträge, wonach die Vertragspartner verpflichtet sind, alle von ihm abhängigen Maßnahmen zu treffen, damit die im Vertrag vorgesehenen Liefermengen der spezialisierten Erzeugnisse in die langfristigen Handelsabkommen und die Jahresprotokolle aufgenommen werden (§ 20 ABSK).

**5.3.** Grundlage des sozialistischen internationalen Währungssystems ist der durch völkerrechtlichen Vertrag ins Leben gerufene transferable Rubel (TR). Er ist kollektive Währung, weil er mit keiner Währung eines Landes (auch nicht des sowjetischen Rubels) identisch ist; er ist internationale Währung, weil er nur im Rahmen der internationalen Ware-Geld-Beziehungen fungiert; er ist transferabel, weil er vom Konto eines RGW-Landes bei der Internationalen Bank für wirtschaftliche Zusammenarbeit (IBWZ) auf das Konto eines anderen RGW-Landes übertragen werden kann; er existiert ausschließlich als Buchgeld. Der TR übt die Funktion des Maßes der Werte und des Maßstabes der Preise aus. Das geschieht im Prozeß der Preisbildung und bei der Bildung der Kurse zwischen dem TR und den kapitalistischen Währungen sowie zwischen dem TR und den nationalen Währungen der RGW-Mitgliedsländer im kommerziellen Bereich. Er fungiert als internationales Zahlungs- und Verrechnungsmittel. In ihn werden die Vertragspreise ausgedrückt; nach erfolgter Leistung werden die entsprechenden Zahlungen dem Konto des Exportlandes bei der IBWZ und denen des exportierenden Außenhandelsbetriebes bei seiner Bank gutgeschrieben und die entsprechenden Konten des Importlandes und Importaußenhandelsbetriebes belastet. Die auf Grund der bilateralen gegenseitigen Verrechnungen entstandenen Salden können mit Salden aus den Beziehungen mit anderen Partnern verrechnet werden. Praktisch hat diese Anlage allerdings keine größere Bedeutung erlangt. Die Zahlungsein- und -ausgänge müssen im Verhältnis zwischen allen Mitgliedsländern innerhalb eines festgelegten Zeitraumes ausgeglichen sein, wobei allerdings eine evtl. Reservebildung in TR und Kreditoperationen eingeschlossen sein können. Als internationales Akkumulationsmittel tritt der TR in der Form von Währungsreserven und internationalen Krediten auf. Er ist Kreditgeld, hat also selbst keinen Wert, sondern verbrieft nur einen Anspruch auf Wertübertragung (Lieferungen und Leistungen aus den RGW-Ländern). Da diese durch Plankoordinierung und gemeinsame Planung bereits in beträchtlichem Maße vorher bestimmt und nahezu ausnahmslos durch die Handelsabkommen bilanziert sind, folgt der TR zunächst weitgehend den geplanten Bewegungen der Gebrauchswerte. Erst wenn wegen Nichterfüllung von Lieferpflichten oder aber infolge von Abweichungen der tatsächlich gezahlten von den ursprünglich geplanten Preisen die Bilanz gestört wird und entsprechende Debetsalden auf den Konten der IBWZ entstehen, macht sich der TR wieder bemerkbar und erfordert (je nach der Befristung der eingeräumten Kredite über kurz oder lang) die Festlegung neuer Proportionen im gegenseitigen Handel der betreffenden Partnerländer.

**5.4.** Die sozialistische ökonomische Integration vollzieht sich unter der Bedingung explodierender Weltmarktpreise. Eine Isolierung der intrasystemaren ökonomischen Beziehungen der RGW-Länder gegen diese Entwicklung der kapitalistischen Märkte scheint aus verschiedenen Gründen ausgeschlossen. Andererseits wird die langfristige planmäßige ökonomische Entwicklung, die das Wesen der sozialistischen ökonomischen Integration ausmacht, natürlich durch unvorhersehbare Preissprünge aufs Äußerste belastet. Gesichert werden muß daher die gefilterte Wirkung der Weltmarktpreise. Das erfolgt durch den auf der 70. und 93. Tagung des Exekutivkomitees wesentlich modifizierten Beschluß der IX. Tagung des RGW (1958) über Preisbildungsprinzipien. Laut dieser Regelung sind Ausgangspunkt für die Vereinbarung konkreter Preise die durchschnittlichen Weltmarktpreise der jeweils vorangegangenen 5 Jahre. Das bedeutet, daß beispielsweise 1981 die Durchschnittspreise der Jahre 1976–1980, 1982 aber die Preise der Jahre 1977–1981 Ausgangspunkt der Preisbildung sein werden.

**6.1.** Im Prozeß der sozialistischen ökonomischen Integration hat sich die Grundstruktur eines neuen Systems der Verantwortlichkeitsregelung herausgebildet, das insgesamt der Dialektik von Souveränität und internationaler Verpflichtung der sozialistischen Staaten entspricht und dessen differenzierte Formen der Forderung nach unterschiedlichen Verbindlichkeitsinhalten einzelner Tätigkeitsformen, Abkommen und Wirtschaftsverträge entgegenkommen.

**6.2.** Dieses System geht von der Prämisse aus, daß weder die Staaten noch ihre Wirtschaftsorganisationen zur realen Erfüllung der von ihnen übernommenen Verpflichtungen gezwungen werden können. Es definiert jedoch zugleich die je nach dem typischen Verbindlichkeitsinhalt der jeweiligen Rechtsform eintretenden Konsequenzen der betreffenden Pflichtverletzung.

**6.3.** Solange die zukünftigen volkswirtschaftlichen Leistungen nur vage bestimmt werden können und deshalb ihre Konkretisierung durch weitere Rechtsformen erforderlich ist, bedienen sich die Partner vor allem solcher Formen wie der Übereinkunft und der Empfehlung. Sie beinhalten einerseits eine Verpflichtung zur Verhandlung von konkreten internationalen Vereinbarungen (pactum de negotiando), äußerstenfalls ein internationales Vertragsabschlußversprechen (pactum de contrahendo); sie enthalten andererseits die Verpflichtung, innerstaatlich bestimmte Leitungs-(Planungs-)Prozesse in der vereinbarten Richtung weiterzuführen. Erweist sich der Abschluß entsprechender internationaler Vereinbarungen als nicht möglich, können die festgelegten innerstaatlichen Maßnahmen nicht realisiert werden, so begründet dies in der Regel nur eine Informationspflicht gegenüber der betreffenden internationalen Organisation sowie gegenüber den Partnerstaaten. Synallagmatische Leitungsverweigerungsrechte oder Formen der materiellen Verantwortlichkeit sind hier im Prinzip nicht vorgesehen.

**6.4.** Stabiler sind in der Regel die Verpflichtungen aus völkerrechtlichen Verträgen (Abkommen). Das ist vor allem darauf zurückzuführen, daß hier meistens ein synallagmatischer Zusammenhang wechselseitiger Pflichten besteht und deshalb bei Nichterbringung einer Leistung die Verweigerung der Gegenleistung droht. Diese gebrauchswertorientierten Sanktionsformen haben sich in der Praxis als außerordentlich stabilisierend erwiesen. Keine praktische Wirkung hat hingegen bisher der Versuch gezeitigt, finanzielle Formen der völkerrechtlichen Verantwortlichkeit zu realisieren. Das ist nur bedingt mit Argumenten gegen die mangelnde Definition des Staatsschades u. a. zu begründen und wird auch nicht ausreichend damit erklärt, daß sie nicht in das gegenwärtige System der Regelung passen (fehlende völkerrechtliche Schiedsgerichtsbarkeit, keine Klärung des Verhältnisses zu den o. g. Leistungsverweigerungsrechten).

**6.5.** Soll die Erbringung der betreffenden Leistung durch finanzielle Sanktionen gesichert werden, ist der zwischen den Wirtschaftsorganisationen zweier oder mehrerer Mitgliedsländer des RGW abgeschlossene Vertrag die geeignete Form. Bei der Regelung seiner wichtigsten Typen durch Rechtsnormen und Musterbedingungen haben die RGW-Mitgliedsländer in den letzten Jahren bedeutende Fortschritte erzielt. Zu erwähnen ist hier insbesondere die Weiterentwicklung der Allgemeinen Lieferbedingungen und der Allgemeinen Bedingungen über die Spezialisierung und Kooperation sowie die Schaffung diverser Muster für die Regelung von WTZ-Verträgen (Wissenschaftlich-technische Zusammenarbeit). Dabei verdient in unserem Zusammenhang besonderes Interesse die Entwicklung der Rechtsfolgen bei der Nichterfüllung von Außenhandelslieferverträgen. Wenn die Partner entsprechende Leistungspflichten vertraglich übernommen haben, so kann der Käufer bei deren Nichterfüllung Ersatz der entstehenden Vermögensnachteile fordern. Das muß u. E. auch dann gelten, wenn der Verkäufer durch einen Exportstopp oder durch Plan-/Bilanzänderungen seines Staates an der Erfüllung gehindert wird. Auch in diesem Fall darf der Außenhandelsbetrieb gegenüber seinem Partner nicht von der Verantwortlichkeit befreit werden. Er muß vielmehr den Betrag, zu dessen Zahlung er durch Schiedsspruch verurteilt wird, aus entsprechenden zentralen Fonds ersetzt erhalten. Da die betreffenden Leitungsentscheidungen in solchen Fällen meistens Völkerrechtsverletzungen darstellen, dagegen aber – wie wir gesehen haben – keine wirksamen finanziellen Formen völkerrechtlicher Verantwortlichkeit realisiert werden können, müssen die erforderlichen Wirkungen mittels entsprechender Wirtschaftsverträge unter Ausnutzung der Außenhandelsschiedsgerichtsbarkeit erzielt werden.

**7.1.** An der Herausbildung dieser neuen, den Anforderungen der sozialistischen ökonomischen Integration entsprechenden Regelung sind zahlreiche Organe des RGW beteiligt gewesen. Die Weiterentwicklung der Statuten wurde z. B. durch die Ratstagung beschlossen, die Berichte über die Effektivitätserhöhung von Ratsempfehlung und über die Rechtsformen der Plankoordinierung wurden durch das Exekutivkomitee bestätigt, die Übereinkunft hat sich vor allem im Rahmen der Tätigkeit des Planungskomitees entwickelt, um die zwischenstaatliche Regelung der Spezialisierung und Kooperation hat sich insbesondere die Ständige Kommission für Maschinenbau verdient gemacht, die Allgemeinen Lieferbedingungen wurden durch Empfehlung der Ständigen Kommission für Außenhandel angenommen. Schließlich haben bei der Entwicklung anderer Teile der Integrationsregelung das WTZ-Komitee, die Ständige Kommission für Standardisierung und die Ständige Kommission für Valuta und Finanzen eine bedeutende Rolle gespielt. Unterstützt und in gewissem Maße koordiniert wurden diese Aktivitäten auf juristischem Gebiet durch die Beratung für Rechtsfragen (BfR) des RGW.

**7.2.** Die in den 50er Jahren parallel mit der Herausbildung wirtschaftsrechtlicher Vorstellungen und Regelungen in der DDR begonnene und mit dem Übergang der sozialistischen internationalen Wirtschaftszusammenarbeit in die Periode der sozialistischen ökonomischen Integration wesentlich intensiver gewordene systematische Rechtsarbeit ist gekennzeichnet durch die Zusammenführung völker-, staats- und wirtschaftsrechtlicher Methoden der Regelung der von den sozialistischen Staaten unter Führung der marxistisch-leninistischen Parteien organisierten und geleiteten Integrationsprozesse. Im Mittelpunkt stehen dabei die Beziehungen zwischen den sozialistischen Staaten in ihrer Doppelfunktion als Eigentümer und souveräne Leiter ihrer Volkswirtschaften und in ihrer Eigenschaft als Gründer und Mitglieder des RGW als der umfassendsten und wichtigsten internationalen ökonomischen Organisation der sozialistischen Staatengemeinschaft. Zugleich mit diesen Beziehungen zwischen den Staaten und in ihrem Rahmen entwickeln sich mit der sozialistischen ökonomischen Integration die direkten Verbindungen zwischen den zentralen staats- und wirtschaftsleitenden Organen und den Betrieben, die in die Kooperation einbezogen sind. Damit nehmen die funktionellen Zusammenhänge zwischen den auf den einzelnen Ebenen realisierten Beziehungen zu; es verstärkt sich die Komplexität der rechtlich geregelten Beziehungen.

**7.3.** Deshalb werden die Rechtsfragen der sozialistischen ökonomischen Integration inzwischen allenthalben als selbständige und komplexe Rechtsmaterie behandelt. Das zeigt die Arbeit der BfR; das zeigen die in der Bezeichnung zwar unterschiedlichen, aber vom Gegenstand her weitgehend einheitlichen Lehrfächer an den Hochschuleinrichtungen der befreundeten sozialistischen Länder (Integrationsrecht, RGW-Recht). International umstritten ist jedoch nach wie vor die Frage, ob es sich dabei um einen Rechtszweig handelt. Wir sind – wohl in Übereinstimmung mit allen zu Fragen der sozialistischen ökonomischen Integration arbeitenden DDR-Rechtswissenschaftlern – der Meinung, daß es sich bei der rechtlichen Regelung der sozialistischen ökonomischen Integration um einen komplexen Rechtszweig handelt. Diese systematische Ausgangsposition berücksichtigt im notwendigen Maße die Entwicklung unserer innerstaatlichen Rechtsordnung: Entwicklung des Wirtschaftsrechts als selbständiger Rechtszweig, Schaffung einer Sonderregelung für internationale Wirtschaftsverträge. Sie trägt ferner der objektiv begründeten Forderung nach komplexer Regelung zwischenstaatlicher und zwischenbetrieblicher Beziehungen im erforderlichen Maße Rechnung. Gleichzeitig gestattet sie jedoch auch die regelungsmethodische Differenzierung dieser einzelnen Teilbeziehungen, wie z. B. die rechtliche Regelung der Staatenbeziehungen durch das Völkerrecht.

**7.4.** Kritik verdient jedoch der Versuch, den Entwicklungsprozeß dieses Rechtszweiges durch die mißbräuchliche Interpretation einzelner Begriffe des Komplexprogramms zu forcieren. Wir meinen damit u. a. den Versuch, den fehlerhaft übersetzten Begriff „gemeinsame Rechtsordnung" (in exakter Übersetzung müßte es wohl heißen „allgemeines rechtliches Regime") zur Begründung überzogener programmatischer Forderungen zu benutzen. Solche Fehler geben uns Veranlassung, unsere Arbeitsmethoden zu überdenken und der sachlichen Analyse in Zukunft noch größere Aufmerksamkeit zu widmen.

Manfred Kemper

# Die Vervollkommnung des Systems rechtlicher Regelung der sozialistischen ökonomischen Integration

Anliegen dieses Beitrages ist es, einige Gedanken darzulegen, die sich aus dem Studium der Parteitagsmaterialien des XXVI. Parteitages der KPDSU und des X. Parteitages der SED im Hinblick auf die weitere Entwicklung der rechtlichen Regelung sozialistischer ökonomischer Integration (SÖI) ergeben.

Alle Parteitage der kommunistischen und Arbeiterparteien der RGW-Länder haben nachdrücklich die große Bedeutung der SÖI für die Gestaltung der entwickelten sozialistischen Gesellschaft hervorgehoben. Dabei ist von den Parteien der anderen Mitgliedsländer des RGW die lebenswichtige Rolle der Beziehungen zwischen ihren Ländern und der UdSSR herausgearbeitet worden. Im Rechenschaftsbericht des ZK unserer Partei heißt es in diesem Zusammenhang: „Je weiter die Entwicklung des Sozialismus in der DDR fortschreitet, desto enger gestaltet sich die ökonomische und wissenschaftlich-technische Zusammenarbeit mit der Sowjetunion, desto größer wird ihre Bedeutung für die Stabilität und Dynamik unserer Wirtschaft."[1]

Auf allen Parteitagen sind die großen Erfolge gewürdigt worden, die die Mitgliedsländer des RGW bei der Beschleunigung der SÖI erzielt haben. Zugleich wurde auf eine Reihe von Problemen hingewiesen, die in diesem Prozeß herangereift sind. Bekanntlich hat Genosse Breshnew in diesem Zusammenhang vorgeschlagen, diese Probleme in naher Zukunft auf höchster Ebene kollektiv zu erörtern – ein Vorschlag, der auf den anderen Parteitagen prinzipielle Zustimmung gefunden hat.

Vermutlich wird sich diese Beratung u. a. mit der Frage befassen, wie das Komplexprogramm des RGW für die Zeit nach 1985 entwickelt werden soll. Damit werden weitere Ergebnisformen und Termine für die Forschung auf dem Gebiet der rechtlichen Regelung der SÖI bestimmt. Ansätze für die inhaltliche Konkretisierung dieser Forschungsaufgabe enthalten die Materialien der Parteitage, insofern nämlich, als dort die Hauptaufgaben und Probleme der Integration für die nächsten Planjahrfünfte herausgearbeitet worden sind. Dabei sind folgende Schwerpunkte zu verzeichnen:

- Der Übergang zur intensiven Kooperation in Produktion und in Wissenschaft und Technik;
- Die Ergänzung der Plankoordinierung durch die Abstimmung der Wirtschaftspolitik insgesamt;
- Die Annäherung der Strukturen der Wirtschaftsmechanismen der einzelnen RGW-Länder;
- Die Weiterentwicklung der Direktbeziehungen zwischen den Ministerien und Betrieben;
- Die Entwicklung gemeinsamer Unternehmen und andere Formen der Ressourcenkombination;
- Die richtige Verbindung der Interessen der einzelnen Mitgliedsländer des RGW und der gemeinsamen Interessen sowie
- die Sicherung der Einhaltung eingegangener Verpflichtungen.

Diese politisch-ökonomischen Schwerpunkte der auf die Weiterentwicklung der Integration gerichteten Leitungstätigkeit der sozialisischen Staaten und der Wirtschaftstätigkeit sozialistischer Wirtschaftsorganisationen sind der entscheidende Ausgangspunkt juristischer Aufgabenstellung und Zielsetzung. Sie können jedoch nicht linear in Aufgaben des Rechts und der Rechtsentwicklung umgesetzt werden. Den Juristen der RGW-Länder erwächst vielmehr die Aufgabe, das System der rechtlichen Regelung sozialistischer internationaler ökonomischer Beziehungen insgesamt so weiter zu entwickeln, daß die erwähnten Aufgaben optimal erfüllt werden. Da gerade im Hinblick auf die Systementwicklung die Wissenschaft bekanntlich besondere Verantwortung trägt, ist damit ein Schwerpunkt unserer zukünftigen Forschungstätigkeit genannt. Bestandteil dieses Systems rechtlicher Regelung der sozialistischen internationalen ökonomischen Beziehungen sind zahlreiche innerstaatliche Regelungen. So hat der Generalsekretär des ZK der SED, Genosse E. Honecker, im Rechenschaftsbericht an den X. Parteitag der SED beispielsweise hervorgehoben, daß eine wesentliche Frage der Erfüllungssicherung der internationalen Verpflichtungen ihre richtige Einordnung in die (innerstaatlichen) Pläne und Bilanzen sei.[2] Damit ist eine Fragestellung angesprochen, die sowohl das Wirtschaftsrecht als auch das Internationale Wirtschaftsrecht betrifft. Das gleiche gilt für die Forderung nach Weiterentwicklung der Direktbeziehungen: Dabei geht es außer um die Entwicklung entsprechender internationaler Rechtsformen doch vor allem um die innerstaatliche Regelung der Rechtsstellung der betreffenden Organe und Organisationen, um die Ausgestaltung entsprechender Genehmigungsregime und um die Erteilung kongruenter Vollmachten. Wenn schließlich von der Annäherung der Strukturen der Wirtschaftsmechanismen die Rede ist, so betrifft dies sogar ausschließlich die innerstaatliche Regelung und das sogar über den Bestand des Wirtschaftsrechts hinaus.

Wesentliche Bestandteile dieses Systems rechtlicher Regelung sind völkerrechtlicher Natur. So setzt beispielsweise eine intensive Kooperation zwischen geplanten Volkswirtschaften die langfristige zwischenstaatliche Koordinierung der Kooperationsziele voraus; so kann eine stabile Abstimmung der Wirtschaftspolitik zwischen souveränen Staaten kaum anders als in völkerrechtlicher Form erfolgen. Die Direktbeziehungen werden, soweit sie die Staatsorgane betreffen, als gesamtstaatliche Verpflichtung und damit als besondere Art völkerrechtlicher Beziehungen vollzogen. Schließlich bedarf die Verfügung über wesentliche Teile des Nationaleinkommens in Form der Ressourcenkombination der Vereinbarung auf zwischenstaatlicher Ebene, und gleiches gilt auch für die richtige Verbindung einzelstaatlicher und gemeinsamer Interessen, z. B. bei der Gewährung von Vorzugspreisen.

Diese zwischenstaatlichen Beziehungen sind wegen der Durchführung der Wirtschaftstätigkeit in den einzelnen Mitgliedsländern des RGW durch selbständige Wirtschaftsorganisationen durchgängig mit zwischenbetrieblichen Beziehungen untersetzt – sie zielen in aller Regel auf die Realisierung entsprechender zwischenbetrieblicher Beziehungen. Deshalb muß die Umsetzung der völkerrechtlichen Verpflichtungen in vertragsrechtliche Verpflichtungen der Wirtschaftsorganisationen durch innerstaatliche (wirtschafts- und verwaltungsrechtliche) Regelungen vermittelt werden. Wenn also von den beiden Parteitagen eine intensive Kooperation gefordert wird, so sind damit sowohl entsprechende völkerrechtliche Fragen als auch Produktionskooperationsverträge, Forschungskooperationsverträge und Außenhandelsverträge zwischen den Wirtschaftsorganisationen der Mitgliedsländer des RGW angesprochen, gleichzeitig geht es jedoch um die entsprechenden Transformationsmechanismen zwischen den Verpflichtungen beider Ebenen. Die Entwicklung von Direktbeziehungen ist gleichermaßen sowohl auf zwischenstaatlicher Ebene als auch auf zwischenbetrieblicher Ebene erforderlich. Hier hat sie insbesondere die Weiterentwicklung der außenwirtschaftlichen Rechtsstellung der Industriebetriebe zur Voraussetzung (z. B. die Berechtigung der sowjetischen Industrievereinigung zum Abschluß von internationalen Spezialisierungsverträgen). Womit wiederum die Gestaltung innerstaatlicher rechtlicher Regelung gemeint ist.

Die Regelung der internationalen zwischenbetrieblichen Beziehungen sollte prinzipiell durch international-einheitliche Spezialregelungen erfolgen. Bei der Realisierung dieser Zielstellung haben die Mitgliedsländer des RGW bereits in der Vergangenheit bemerkenswerte Erfolge erzielt. Die in der Praxis ihrer Wirtschaftsorganisationen am häufigsten realisierten Vertragstypen (Außenhandelslieferverträge, Außenhandelsmontageverträge, Außenhandelskundendienstverträge und Spezialisierungs- und Kooperationsverträge) wurden weitgehend durch international-einheitliche direkte Normen geregelt. Bezüglich anderer für die zukünftige Zusammenarbeit äußerst bedeutsamer, gegenwärtig aber noch wenig verallgemeinerungsfähiger Verträge – Forschungskooperationsverträge, Lizenzverträge usw. – wurden entsprechende einheitliche Vertragsmuster oder Musterbedingungen vereinbart. Diese einheitliche materiell-rechtliche Regelung wurde in Gestalt der Moskauer Schiedsgerichtskonvention und des einheitlichen Reglements der Schiedsgerichte durch entsprechende prozessuale Regelungen ergänzt. Nunmehr ist in der Beratung für Rechtsfragen des RGW vorgeschlagen worden, diese einheitlichen Typenbedingungen mit einer einheitlichen Regelung der allgemeinen Fragen des Vertragsrechts zu untersetzen; gewissermaßen also einen einheitlichen „Allgemeinen Teil“ des sozialistischen internationalen Vertragsrechts zu schaffen. Mit der Realisierung dieses Vorschlages würde zweifellos eine neue Qualität der international-einheitlichen Regelung erreicht und ein bedeutsamer Beitrag zur Sicherung intensiver Kooperation einschließlich der Einhaltung eingegangener Verpflichtungen geleistet werden. Mit Annahme und Bestätigung der die Allgemeinen Bedingungen betreffenden Empfehlungen bzw. mit Abschluß und Ratifikation der Schiedsgerichtskonvention haben sich die Mitgliedsländer des RGW völkerrechtlich verpflichtet, die betreffenden Normen innerstaatlich in Kraft zu setzen und ihre vereinbarungsgemäße Anwendung zu sichern. Nach erfolgter Transformation bilden die betreffenden Normen zugleich einen autonomen Bestandteil des innerstaatlichen Rechts. Das hat u. a. zur Folge, daß die betreffenden Normen zunächst nach allen Regeln der Auslegung und Analogie aus diesen autonomen Rechtsakten vervollständigt und erst nach Ausschöpfung dieser Möglichkeiten aus den einzelstaatlich gesetzten Rechtsakten – Zivilgesetzbücher, Gesetz über Internationale Wirtschaftsverträge – ergänzt werden müssen. Die international-einheitliche Regelung der Wirtschaftsverträge ist also völkerrechtlicher Natur, die auch nach ihrer Transformation erhalten bleibt – zugleich ist sie ein eigenständiger Teil des innerstaatlichen Rechts. Sie ist innerstaatliches Recht und doch gleichzeitig von einzelstaatlich gesetztem Recht – und zwar sowohl von der speziellen Regelung des Gesetzes über internationale Wirtschaftsverträge (GBl. I 1976 Nr. 5, S. 61) als auch vor der allgemeinen Regelung des Zivilgesetzbuches – abgehoben.

Zwischen den einzelnen internationalen und innerstaatlichen Beziehungen sowie zwischen den völkerrechtlichen Beziehungen und den vertragsrechtlichen Beziehungen zwischen den Wirtschaftsorganisationen bestehen außerordentlich enge wechselseitige Zusammenhänge. Dies soll anhand der Problematik verdeutlicht werden, wie sie in den Parteitagsmaterialien dargelegt worden und wo von der Notwendigkeit richtiger Verbindung der einzelstaatlichen und der gemeinsamen Interessen im Zusammenhang mit der Preisbildung und von der Notwendigkeit der Sicherung eingegangener Verpflichtungen die Rede ist.

Die Preisbildung erfolgt gegenwärtig entsprechend den Preisbildungsprinzipien, wie sie durch die 93. Sitzung des RGW-Exekutivkomitees für die Periode von 1981–1985 bestätigt wurden. Das bedeutet, daß sämtliche Preise – auch Tarife, Montagesätze – entsprechend dem Durchschnittspreis der dem Leistungsjahr vorangegangenen fünf Jahre errechnet werden.

Die Preisbildungsprinzipien stellen eine außerordentlich bedeutsame Entscheidung bezüglich der Realisierungsbedingungen des Nationaleinkommens dar. Sie führen u. a. dazu, daß die UdSSR ihre Rohstoffe, insbesondere ihr Erdöl und ihr Erdgas weit unter dem aktuellen Weltmarktpreis in die anderen Mitgliedsländer des RGW exportiert – sie führen aber auch dazu, daß die DDR z. B. ihr Exportvolumen steigern muß, um das bisherige Importvolumen bezahlen zu können. Eine solche Entscheidung kann nur auf zwischenstaatlicher Ebene in völkerrechtlicher Form getroffen werden. Das ist geschehen mit Annahme und Bestätigung der Preisbildungsprinzipien und der darauf basierenden Festlegungen konkreter Preise für Schlüsselpositionen zwischen den Regierungen jeweils zweier Mitgliedsstaaten des RGW. Zugleich stellen die Preise jedoch auch wesentliche Äquivalenzbedingungen der einzelnen Außenhandelsgeschäfte dar und sind als solche zwischen den die Waren zirkulierenden Wirtschaftsorganisationen zu vereinbaren. Deshalb müssen die Staaten durch ihre innerstaatliche Regelung die Wirtschaftsorganisationen zu entsprechenden Vereinbarungen veranlassen. Mit Hilfe der Außenhandelsschiedsgerichte kann nur die auf Ebene der Wirtschaftsorganisationen getroffene Preisvereinbarung durchgesetzt werden.

Bereits in der Planperiode 1976–1980 galten entsprechend der Festlegung der 70. EKO-Sitzung sich jährlich verändernde Preise. Die materiellen Proportionen des gegenseitigen Handels waren jedoch im Rahmen der Plankoordinierung im wesentlichen nach der Paketmethode „Ware gegen Ware" ausgehandelt und entsprechend den zu Beginn dieser Periode geltenden Preisen bilanziert worden. Obwohl damit die Vertragspreise mit jedem weiteren Jahr stärker von denen abweichen mußten, die der Bilanz zugrunde lagen, sollten laut Festlegung der 70. EKO-Sitzung dadurch die materiellen Proportionen der Plankoordinierung nicht gestört werden. Diese Festlegungen sicherten eine im wesentlichen kontinuierliche Versorgung aller Mitgliedsländer des RGW mit Roh- und Brennstoffen und war deshalb eine wichtige Voraussetzung ihres wirtschaftlichen Wachstums. Ihre Auswirkungen auf die Handels- und Zahlungsbilanzen wurden größtenteils durch zusätzliche Kredite der UdSSR überbrückt, teilweise waren aber auch bestimmte operative Maßnahmen erforderlich. Im Falle der Versagung von Exportgenehmigungen wurden die Schiedsgerichte vor die Frage gestellt, ob sie deshalb die Außenhandelsbetriebe von der Verantwortlichkeit befreien sollen. Das wurde früher bereits in einigen Fällen durch das bulgarische Schiedsgericht bejaht, das ist neuerdings in zwei Fällen durch das rumänische Schiedsgericht bejaht worden. Dies sollte – soweit Gegenseitigkeit in der Schiedspraxis gewährleistet ist – abgelehnt werden.

Die 93. EKO-Sitzung hat für die 1981 beginnende Planperiode den Grundsatz der Wahrung abgestimmter Proportionen trotz steigender Preise prinzipiell erhalten. Gleichzeitig soll bei der Bilanzierung der Handelsabkommen die voraussichtliche Preisentwicklung in stärkerem Maße berücksichtigt werden. Daß ein System rechtlicher Regelung nur effektiv sein kann, wenn es in sich widerspruchsfrei ist, beweist nachdrücklich die Regelung der Verantwortlichkeit im Prozeß der sozialistischen ökonomischen Integration. Gerade in den letzten Jahren sind bemerkenswerte Erfolge bei der Regelung eines Teilgebietes der Verantwortlichkeit, nämlich der der Wirtschaftsorganisationen, erzielt worden. Erwähnung verdienen in diesem Zusammenhang vor allem die Vervollkommnung der Verantwortlichkeitsregelung der Allgemeinen Lieferbedingungen (ALB) sowie die Allgemeinen Bedingungen der Spezialisierung und Kooperation der Produktion (ABSK). Beide sind seit dem 1. Januar 1980 in Kraft. Die betreffenden Regelungen legen fest, für welche Vertragsverletzungen Konventionalstrafe und für welche Schadenersatz als Sanktionsfolge gefordert werden kann. Kritisch ist gegenüber beiden Regelungen zu vermerken, daß sie von dem bewährten Prinzip abweichen, eine Befreiung von der Verantwortlichkeit ausschließlich im Falle höherer Gewalt zuzulassen. Als Befreiungsgrund für die Sanktionsfolge des Schadenersatzes übernehmen sie aus den innerstaatlichen Zivilrechtsnormen die Befreiung mangels Schuld. Ferner ist zu bemerken, daß die Allgemeinen Bedingungen selbst nicht klären, ob staatliche Akte bzw. welche staatlichen Akte Gründe für die Befreiung von der Verantwortlichkeit darstellen. (Werden sämtliche Leitungsakte, die Umfang, Struktur und Richtung des Außenhandels bestimmen, nicht als Befreiungsgründe akzeptiert oder befreien Entscheidungen zentraler Organe bzw. Exportstopp und Versagung von Exportgenehmigungen von der Verantwortlichkeit, nicht aber Plan- und Bilanzänderungen?) Einzelne Schiedsgerichte befreien die betreffenden Wirtschaftsorganisationen von der Verantwortlichkeit, wenn ein Akt ihres Staates die Erfüllung der Verbindlichkeit ausschließt – andere Schiedsgerichte verweigern die Befreiung. Wiederum andere Schiedsgerichte unterscheiden zwischen „Akte der Wirtschaftsplanung“ und Export-Stopp und nehmen nur aus dem zuletzt genannten Grund eine Befreiung von der Verantwortlichkeit vor. Ich meine, daß an sich nach dem Wortlaut der §§ 68 ALB und 29 ABSK alle diese staatlichen Leitungsakte Umstände höherer Gewalt begründen: sie treten nach Vertragsabschluß ein, waren bei Vertragsabschluß nicht voraussehbar, sie sind außerordentliche Ereignisse und durch die betreffende Wirtschaftsorganisation nicht abwendbar. Dennoch halte ich es für angebracht, den betreffenden Vertragspartner nicht von der Verantwortlichkeit zu befreien und möchte das wie folgt begründen: Im Regelfall verletzt der Staat mit seinem einseitigen Akt das betreffende völkerrechtliche Leistungsabkommen, z. B. das Handelsabkommen. Deshalb ist er völkerrechtlich verantwortlich und müßte dem Partnerstaat den daraus resultierenden Schaden ersetzen. Sein Außenhandelsbetrieb hingegen müßte entsprechend dem Wortlaut der §§ 68 ALB und 29 ABSK von der Verantwortlichkeit befreit werden. Das eigentliche Problem besteht nun darin, daß es bisher nicht gelungen ist, eine effektive Regelung der materiellen Staatenverantwortlichkeit zu schaffen. Deshalb besteht zwischen den Mitgliedsländern des RGW ein Konsens, bis zur Schaffung einer effektiven Regelung der Staatenverantwortlichkeit die Wirtschaftsorganisationen nicht von der Verantwortlichkeit zu befreien und es dem einzelnen Staat zu überlassen, seiner Wirtschaftsorganisation den daraus entstehenden Schaden aus entsprechenden speziellen Fonds – Risiko-Fonds – zu ersetzen. Ausdrücklich und eindeutig formuliert ist dieser Konsens allerdings nur im Ergänzungsprotokoll zwischen der DDR und der UVR; deshalb kommt es gegenwärtig zu den erwähnten widersprüchlichen Schiedsentscheidungen.

Die skizzierte Auffassung wurde Anfang der 60er Jahre in der Rechtswissenschaft der DDR entwickelt. Sie ist später in anderen RGW-Staaten als „Transmissionstheorie“ bezeichnet worden. Sie hat einerseits in allen Mitgliedsländern des RGW zahlreiche Fürsprachen gefunden, andererseits wird sie auch hart attackiert. Dabei wird uns vorgeworfen, wir würden die Verantwortlichkeit des Staates und die der Wirtschaftsorganisationen und damit die völkerrechtliche und zivilrechtliche Ebene der Regelung vermischen. Das ist kaum zu verstehen. Warum sollen die Staaten nicht vereinbaren können, daß vorübergehend, solange die materielle Staatenverantwortlichkeit und die Staatenschiedsgerichtsbarkeit nicht ausreichend geregelt sind – ihre Wirtschaftsorganisationen wegen einseitiger, dem Inhalt der betreffenden völkerrechtlichen Leistungsabkommen widersprechender staatlicher Akte nicht von der Verantwortlichkeit befreit werden sollen? Das ist im Rahmen des geltenden Völkerrechts durchaus zulässig und unter den gegenwärtigen Bedingungen die einzig mögliche Alternative, um mittels finanzieller Sanktionen die Einhaltung zwischenstaatlicher Verpflichtungen zu unterstützen.

Damit haben wir zugleich einen wesentlichen Punkt des Selbstverständnisses der Theorie des Internationalen Wirtschaftsrechts (IWR) der DDR berührt. Diese Theorie ist stets in allen Stadien ihrer Entwicklung von der Prämisse ausgegangen, daß auch die ökonomischen zwischenstaatlichen Beziehungen uneingeschränkt Teil des Völkerrechts sind und daß aus ihrer Symbiose mit anderen Rechtsmaterien im Komplex des IWR keine Konsequenz abgeleitet werden kann, die mit dem geltenden Völkerrecht unvereinbar ist. Das betrifft selbst einzelne Forderungen, die wir zeitweise vertreten und wegen ihrer mangelnden Praxisbewährung später haben fallen lassen, wie z. B. die Forderung nach Verzicht auf eine ausdrückliche Transformation einstimmig angenommener Entscheidungen zwischenstaatlicher Organisationen oder die Forderung nach der Zulassung von Direktbeziehungen zwischen Industrieministerien und Ämtern unterhalb gesamtstaatlicher Bindung. Deshalb war es seinerzeit verwunderlich, als in der ersten Auflage des Völkerrechtslehrbuches der DDR[3] (I S. 76 f.) zu lesen stand: „Diese Tatsache müssen auch die Verfechter des ‚Internationalen Sozialistischen Wirtschaftsrechts' als eines angeblich selbständigen Rechtszweiges zugeben". Es ist ausdrücklich darauf hingewiesen worden, daß das nicht gewissermaßen widerstrebend „zugegeben werden muß", sondern daß dies eine unverzichtbare Prämisse der Arbeit auf dem Gebiet des Internationalen Wirtschaftsrechts ist und bei einer Zweitauflage des Lehrbuches berücksichtigt werden müßte.

Ein Charakteristikum des von uns definierten Rechtszweiges besteht darin, daß er als seine Bestandteile Normen enthält, die – wie die Regelung der zwischenstaatlichen Beziehungen – unzweifelhaft Teil des Völkerrechts sind, oder – wie die Regelung des Außenwirtschaftsmonopols – auch dem Staats- und Verwaltungsrecht angehören. Lediglich die rechtliche Regelung der vertraglichen Beziehungen zwischen den Wirtschaftsorganisationen verschiedener RGW-Länder teilt sich das IWR nicht mit anderen Rechtszweigen; sie ist ein autonomer, gegenüber dem Zivilrecht selbständiger Teil des innerstaatlichen Rechts. Das gilt dann, wenn die betreffende Regelung aus völkerrechtlicher Quelle in Gestalt Allgemeiner Lieferbedingungen transformiert ist, das gilt aber auch, wenn sie als innerstaatlich gesetzte Spezialregelung für internationale Vermögensverhältnisse (in der Art unseres Gesetzes über Internationale Wirtschaftsverträge – GBl. I 1978 Nr. 5, S. 81) besteht. Solche Überlappungen einzelner Rechtszweige sind ein Charakteristikum aller modernen Rechtsentwicklung. Sie nehmen im Rahmen des IWR jedoch ein unverhältnismäßig hohes Ausmaß an und betreffen u. a. Materien der innerstaatlichen und der internationalen Rechtssphäre. Deshalb bezeichnen wir das IWR als einen komplexen Rechtszweig.

In Anlehnung an die Definition des Rechtszweiges in der Neuauflage des Lehrbuches „Marxistisch-Leninistische Staats- und Rechtstheorie"[4] kann festgestellt werden, daß der Rechtszweig Sozialistisches Internationales Wirtschaftsrecht durch sämtliche Normen gebildet wird, die die sozialistischen internationalen ökonomischen Beziehungen als einen einheitlichen Komplex qualitativ gleichartiger Gesellschaftsverhältnisse methodisch einheitlich regeln. Methodisch einheitlich heißt dabei auch in unserem Fall nicht, daß eine Beschränkung auf eine einzige Regelungsmethode stattfände. Im Gegenteil: das IWR basiert auf der regelungsmethodischen Differenzierung völkerrechtlicher, staats- und verwaltungsrechtlicher und international-wirtschaftsvertraglicher Regelung. Charakteristisch ist für unseren Rechtszweig jedoch die Kombination dieser Regelungsmethoden, die ihrerseits eine methodische Einheitlichkeit begründet. Das angestrebte Ziel, die planmäßige warenproduzierende und -zirkulierende Tätigkeit selbständiger Wirtschaftsorganisationen zu regeln, ist wegen der Eigenschaft dieser Organisationen (Betriebe unterschiedlicher souveräner Staaten/Eigentümer) nur zu realisieren, wenn zwischenstaatliche (völkerrechtliche) Koordinierung, einzelstaatliche (wirtschafts-/verwaltungsrechtliche) Umsetzung dieser Koordinierung und Regelung der Beziehungen zwischen gleichberechtigten Wirtschaftsorganisationen zu einer Einheit verschmolzen werden.

## Anmerkungen

1 Bericht des Zentralkomitees der SED an den X. Parteitag der SED, Berichterstatter E. Honecker, Berlin 1981, S. 82.
2 A. a. O., S. 83.
3 Lehrbuch des Völkerrechts der DDR, Berlin 1973, S. 76 f.
4 Marxistisch-Leninistische Staats- und Rechtstheorie (Lehrbuch), Berlin 1980, S. 550 ff.

Heinz Strohbach

# Die Herausbildung und Entwicklung des Rechtszweiges Internationales Wirtschaftsrecht und seine Bedeutung als Instrument zur Leitung internationaler ökonomischer Prozesse der RGW-Mitgliedsländer

In der Arbeit des Instituts für ausländisches Recht und Rechtsvergleichung der Akademie für Staats- und Rechtswissenschaft der DDR (ASR) nehmen Rechtsfragen der sozialistischen ökonomischen Integration (SÖI) seit langem einen zentralen Platz ein. Vor allem geht es gegenwärtig dabei um Probleme der juristischen Erfassung und rechtlichen Regelung der internationalen Spezialisierung und Kooperation der Produktion, um Wege zur Vervollkommnung des Vertragssystems der wissenschaftlich-technischen Zusammenarbeit der Mitgliedsländer des RGW, um die rechtliche Gestaltung und Sicherung der Investitionstätigkeit und damit zusammenhängende organisationsrechtliche Fragestellungen. In dieser Arbeit zeigt sich besonders deutlich, daß die Funktionen des sozialistischen Staates und des sozialistischen Rechts nicht auf die innerstaatliche gesellschaftliche Entwicklung beschränkt sind, sondern daß sie vielmehr Wirkungen im Bereich der internationalen sozialistischen Wirtschaftszusammenarbeit hervorbringen. Sie zu untersuchen trägt zum Verständnis dieser Funktionen und zu ihrer vollen Anwendung und Nutzung bei. Die staatlich-rechtliche Leitung des Integrationsprozesses bildet daher den Kern der Forschungsarbeit zu den Rechtsfragen der wirtschaftlichen und wissenschaftlich-technischen Zusammenarbeit der Mitgliedsländer des RGW und damit die Frage nach dem einzusetzenden juristischen Instrumentarium, seiner Klassifizierung und Systematisierung.

Das vor 10 Jahren beschlossene Komplexprogramm des RGW nennt die Vervollkommnung der Rechtsgrundlagen einen Hauptweg, ein Hauptmittel für die weitere Vertiefung und den Ausbau der wirtschaftlichen und wissenschaftlich-technischen Zusammenarbeit. Tatsächlich ist seitdem vieles unternommen worden, um die Rechtsgrundlagen der sozialistischen ökonomischen Integration weiterzuentwickeln. So wurden die Forschungsarbeiten auf die Gebiete Spezialisierung und Kooperation der Produktion, Warenlieferung, wissenschaftlich-technische Zusammenarbeit konzentriert und Vorschläge hierzu sowie zum Organisationsmechanismus der Integration und zur Handelsschiedsgerichtsbarkeit vorgelegt. Diese Forschungsarbeit wurde in ständiger Kooperation mit der Staats- und Wirtschaftspraxis geleistet. Besondere Impulse ergaben sich aus der unmittelbaren Einbeziehung der Wissenschaftler in die Arbeit der „Beratung für Rechtsfragen des RGW“, vor allem durch aktive Mitarbeit an der Vorbereitung der jährlichen Tagungen dieser RGW-Einrichtung wie in ihren verschiedenen zeitweiligen Arbeitsgruppen. Man kann feststellen, daß die erreichten Forschungsergebnisse überhaupt erst durch diese enge Verbindung zur Integrationspraxis, zur Praxis der staatlichen Leitung der Wirtschaftszusammenarbeit entstehen konnten. Den Trägern der RGW-Rechtsarbeit in der DDR, hauptsächlich dem Ministerium der Justiz und dem Ministerium für Außenhandel, ist an dieser Stelle ausdrücklich für die ständige Bereitschaft zur Zusammenarbeit mit der Staats- und Rechtswissenschaft und die Einbeziehung von Wissenschaftlern in die praktische Arbeit Dank zu sagen.

Der Rückblick auf das Komplexprogramm und dessen Aufgabenstellung für die Vervollkommnung der Rechtsgrundlagen der SÖI zeigt eine Vielzahl von Rechtsdokumenten, die von den Mitgliedsländern des RGW in den vergangenen 10 Jahren, hauptsächlich organisiert durch die „Beratung für Rechtsfragen“, erarbeitet und beschlossen worden sind und die sich in der Praxis als Instrumente zur Gestaltung, Förderung und Sicherung von Ingetrationsmaßnahmen bewährt haben. Die Forschungsarbeit auf diesem Gebiet deckte neue Einsatz- und Wirkungsmöglichkeiten des sozialistischen Rechts auf und zeigte die große Bedeutung des Rechts im Prozeß der SÖI. Gleichzeitig werden dabei die sich verändernden Grenzen seiner Wirksamkeit erkannt und gezeigt. Auf der einen Seite können noch so gut konzipierte und konstruierte rechtliche Regelungen nicht derzeitig noch fehlende oder noch zu schwach entwickelte materielle Voraussetzungen für bestimmte gemeinsame wirtschaftliche und wissenschaftstechnische Aktivitäten ersetzen. Die Rechtsentwicklung hat auch hier keine von den ökonomischen Gegebenheiten losgelöste Eigenständigkeit. Auf der anderen Seite kann aber eine den Erfordernissen entsprechende, der weiteren Entwicklung der internationalen ökonomischen Beziehungen angepaßt rechtliche Regelung wesentlich zu ihrer Stabilisierung, Wiederholbarkeit, Effizienz, zu ihrer Durchsetzung, Förderung und Festigung beitragen; sie kann in entscheidendem Maße die Organisations- und Bewegungsform dieser Beziehungen gestalten. Die wissenschaftliche Überarbeitung solcher Regelungen, die Bestimmung von Regelungsinhalt und Regelungsniveau setzen die ständige gründliche Analyse der politischen und ökonomischen Praxis voraus. Die bloße Wiedergabe und Wortinterpretation von im Komplexprogramm vorgegebenen Begriffen bewegt für sich allein gar nichts, sondern verstellt nur den Blick auf tatsächlich Regelungserfordernisse und deren theoretische Verallgemeinerung zu wissenschaftlicher Aussage. Ein Beispiel hierfür ist der Umgang mit dem im Komplexprogramm verwendeten Begriff des gemeinsamen oder allgemeinen rechtlichen Regimes der sozialistischen ökonomischen Integration. Dieser offensichtlich in bester Absicht aus dem Russischen mit den Worten „gemeinsame Rechtsordnung“ übersetzte Begriff hat in der Vergangenheit eine von der tatsächlichen Integrationspraxis sich immer weiter entfernende Mißdeutung erfahren, wurde so zur Theoriebildung verwandt und schließlich bis in die jüngste Zeit oft recht gedankenlos als Stereotype in der Rechtsliteratur gebraucht. Die hauptsächlich von der „Beratung für Rechtsfragen“ geschaffenen RGW-Rechtsdokumente und die ihnen entsprechenden nationalen Rechtsvorschriften sind wichtige Instrumente der staatlichen Leitung der Integrationsprozesse und der mit ihnen verbundenen Bereiche der nationalen Volkswirtschaften. Die Theorie dieser spezifischen rechtlichen Regelung unterstützt die staatliche Leitung mit entsprechenden wissenschaftlichen Erkenntnissen. Das ist der Sinn der Arbeit auf dem Gebiet des Internationalen Wirtschaftsrechts. Die damit verbundenen Auffassungen haben sich als tauglich erwiesen, die Rolle des sozialistischen Rechts in der internationalen Wirtschaftszusammenarbeit zu erfassen und es dementsprechend wirksam einzusetzen. Diese Feststellung gilt unbestritten in der DDR für das Internationale Wirtschaftsrecht als Forschungsdisziplin und Lehrfach. Die Komplexität der Integrationsbeziehungen auf (zwischen) staatlicher und auf betrieblicher Ebene, die Komplexität der Subjektstruktur der sozialistischen ökonomischen Organisationen allgemeiner und spezieller Aufgabenstellung mit völkerrechtlichem Status (an der Spitze der RGW selbst), internationale Wirtschaftsvereinigungen und andere solche Organisationen nichtvölkerrechtlichen Typs, nationale Wirtschaftsorganisationen (Betriebe, Forschungsinstitute usw.) – zwingen zu ihrer komplexen Erforschung und Darstellung. Das Institut für ausländisches Recht und Rechtsvergleichung der ASR der DDR hat sich in den 14 Jahren seines Bestehens dieser wissenschaftlichen Arbeitsweise verschrieben: aus ursprünglich interdisziplinärer Arbeitsstelle hat sich das Institut zu einer Organisationsform komplexer und mehr und mehr konzeptionell einheitlich orientierter Zusammenarbeit entwickelt.

Ein weiteres Problem betrifft die Frage nach einem selbständigen Rechtszweig Internationales Wirtschaftsrecht (IWR). Hier geht es um die rechtstheoretische Klärung der wissenschaftlichen Existenzberechtigung komplexer Rechtszweige generell und im konkreten Fall sowie um die nähere Bestimmung der Art und des Grades dieser Komplexität. Ist ein komplexer Rechtszweig gewissermaßen aus pragmatischer Sicht als Übergangserscheinung eine zeitlang zu akzeptieren? Ist es theoretisch vertretbar, zwischen ausgereifter Existenz und Nichtexistenz das Stadium eines im Entstehen begriffenen Rechtszweiges anzuerkennen: Internationales Wirtschaftsrecht auf dem Wege? Es sind im Prinzip die gleichen Fragestellungen, die aus der wechselvollen Geschichte des nationalen Wirtschaftsrechts der DDR bekannt sind und die für das Internationale Wirtschaftsrecht in der Staats- und Rechtswissenschaft der DDR seit Ende der 50er Jahre diskutiert werden. Das Anliegen dabei ist immer wieder, die besondere ökonomische Rolle des sozialistischen Staates in der Theorie der rechtlichen Regelung der internationalen Wirtschaftsbeziehungen zu erfassen, den Systemzusammenhang zwischen sozialistischem Staat und Wirtschaft aufzudecken und die Veränderungen, die sich aus der Entwicklung der sozialistischen Staatsmacht und ihrer Rolle für die Leitung und Organisierung der internationalen sozialistischen Wirtschaftszusammenarbeit auf allen ihren Ebenen ergeben, theoretisch zu erfassen und zu verarbeiten. Damit ist die Vorstellung verbunden, daß dieser komplexe Rechtszweig nicht nur die Komplexität der von ihm geregelten gesellschaftlichen Verhältnisse widerspiegelt, sondern wegen dieser Übereinstimmung selbst in starkem Maße integrative Wirkungen auf diese Verhältnisse hervorbringt.

In der Forschungsarbeit des Instituts stehen allerdings Rechtszweigdiskussionen nicht auf der Tagesordnung. Es geht um die wissenschaftliche Bearbeitung einer Reihe rechtlicher Fragen, denen bei der Weiterentwicklung der SÖI und ihrer Rechtsgrundlagen strategische Bedeutung zukommt und die auch in dem Langzeitprogramm der RGW-Beratung für Rechtsfragen ihren Niederschlag gefunden haben. Bei dieser Arbeit wird auch der wissenschaftstheoretische Fundus anwachsen, der zu gegebener Zeit Systematisierungsdiskussionen und theoretische Verallgemeinerung verlangt.

Die unmittelbare praktische Beschäftigung mit den Prozessen der SÖI lehrt den gegebenen Zusammenhang der gesellschaftlichen Beziehungen, ihre reale Komplexität sowohl bei der wissenschaftlichen Untersuchung, bei der Lehre, der Weiterbildung auf diesem Gebiet als auch bei Erarbeitung von Regelungsvorschlägen oder von Vormaterialien hierzu immer im Blick zu behalten. Mehrfach ist in diesem Zusammenhang die Arbeit an den Allgemeinen Lieferbedingungen (ALB) des RGW erwähnt worden. Diese sind ein Musterbeispiel für die völkerrechtliche Schaffung von speziell auf die Beziehungen zwischen den Wirtschaftsorganisationen der Mitgliedsländer des RGW zugeschnittenen Normen, die in sich materiellrechtliche, kollisionsrechtliche und verfahrensrechtliche Bestandteile vereinen, deren komplexe Handhabung wiederum durch völkerrechtlich bestimmte Eckpunkte ausgerichtet ist. Die ALB des RGW sind ein Beispiel von vielen für eine wirkungsvolle komplexe Regelung, wobei die Komplexität die Konzeption und deren inhaltliche Ausgestaltung betrifft. Die textliche Zusammenfügung dieser Kombination materiell-, kollisions- und verfahrensrechtlicher Normen in nur einem Dokument ist dabei nicht das Entscheidende, sondern etwas Äußerliches, das aber zusätzlich auf die neue Qualität aufmerksam macht.

Die verfahrensrechtliche Komponente der ALB des RGW betrifft die Lösung von Rechtsstreiten zwischen Wirtschaftsorganisationen der Mitgliedsländer des RGW. Damit wird ein Problem angeschnitten, das durchaus nicht nur fachspezifischer Natur ist, sondern weitgehende rechtspolitische und rechtstheoretische Fragestellungen beinhaltet – das ist die Schiedsgerichtsbarkeit (die sogenannte Handelsschiedsgerichtsbarkeit). Es wurde auf den juristischen Fakt hingewiesen, daß auf Grund zwischenstaatlich vereinbarter Regelung sämtliche Streitigkeiten zwischen Wirtschaftsorganisationen verschiedener Mitgliedsländer des RGW ausschließlich durch Schiedsrichter, und zwar durch die bei den zentralen Handelskammern dieser Länder bestehenden Schiedsgerichte verhandelt und entschieden werden, d. h. außerhalb des Systems der Justiz, wie es im Gerichtsverfassungsgesetz und im Gesetz über die gesellschaftlichen Gerichte verstanden wird, außerhalb auch der Staatlichen Vertragsgerichtsbarkeit.

Wir haben es hier mit einer Art von gesellschaftlicher Gerichtsbarkeit zu tun, die internationalistisch angelegt ist, was Parteien und Streitgegenstände und das anzuwendende materielle und Verfahrensrecht betrifft. Die Schiedsgerichte haben durch ihre Spruchpraxis einen ganz wesentlichen Beitrag zur Herausbildung und zur Durchsetzung der die Wirtschaftszusammenarbeit regelnden vertraglichen Normen geleistet. Insofern sind Rechtsprobleme der Schiedsgerichtsbarkeit ein fester Bestandteil der Lehre und Forschung auf dem Gebiete des Internationalen Wirtschaftsrechts.

Es gab in den vergangenen Jahren, angeregt durch das Komplexprogramm, immer wieder Überlegungen, diese Schiedsgerichtsbarkeit zu internationalisieren, sie vielleicht sogar direkt mit dem RGW in Verbindung zu bringen. Dahinter standen die Absichten, das sozialistische Recht mit Hilfe dieser Einrichtung noch konsequenter durchzusetzen, d. h. die in den Rechtsnormen zum Ausdruck gebrachte Interessenabstimmung der beteiligten Staaten im Einzelfall gegen letztlich volkswirtschaftlich bedingte einzelstaatliche Interessen durchzusetzen. Gegenwärtige Einschätzungen des Standes und der Richtung der Entwicklung der SÖI machen deutlich, daß für die Schaffung einer auch von der Organisationsform her, also institutionell internationalen Schiedsgerichtsbarkeit keine Bedingungen derzeit gegeben sind. Die Schiedsgerichte, die als Institution gesellschaftlichen Organisationen, nämlich den Außenhandels- oder Handels- und Industriekammern zugehören, bleiben nationale Einrichtungen. Das macht es aber erforderlich, über die bloße Feststellung, daß es sie gibt, hinauszugehen und zur exakten Bestimmung ihres Platzes im Rechtssystem des sozialistischen Staates zu gelangen.

Völkerrechtlich ist bereits gesichert, daß die schiedsgerichtlichen Entscheidungen im Bereich der Mitgliedsländer des RGW eine Art internationalen Status haben: die ansonsten strikte Unterscheidung zwischen inländischen und ausländischen Schiedssprüchen ist für sie bedeutungslos geworden. Alle Entscheidungen aller Schiedsgerichte gelten in allen Mitgliedsländern des RGW (außer Vietnam) gleichermaßen ohne besonderes Anerkennungsverfahren. Die rechtlichen Regelungen der SÖI erfahren dadurch eine wirksamere Durchsetzung auch im Konfliktfall. Dieser gut organisierte und völkerrechtlich abgesicherte Durchsetzungsmechanismus macht Regelungen wie die ALB des RGW und ihnen verwandte Rechtsvorschriften effektiv. Deshalb ist von vornherein diese nicht nur unter verfahrensrechtlichem Aspekt zu sehende Schiedsgerichtsbarkeit konzeptionell mit materiell- und kollisionsrechtlichen Regelungen komplex verbunden. Dieser Verbund wird nicht dadurch gelockert, daß die die Streitlösung regelnden §§ 91, 92 ALB des RGW weiterentwickelt wurden zu einer selbständigen Konvention vom 26. Mai 1972 über die schiedsgerichtliche Entscheidung von Zivilrechtsstreitigkeiten, die sich aus Beziehungen der wirtschaftlichen und wissenschaftlich-technischen Zusammenarbeit ergeben. Komplexe Betrachtungen und Anwendungen dieser nun in getrennten Dokumenten festgelegten einheitlichen Regelung macht sie und ihre Funktion für die Förderung der sozialistischen ökonomischen Integration transparent und praxiswirksam.

Helga Rudolph

# Zur Stellung des Internationalen Wirtschaftsrechts im Rechtssystem

Eine Diskussion über das Internationale Wirtschaftsrecht (IWR), über seinen Charakter als eigenständiger oder erst in der Herausbildung begriffener Rechtszweig oder aber als Lehr- und Forschungsdisziplin ist eng mit allgemeinen Fragen der Rechtssystematisierung verbunden.

Die Art und Weise der Rechtssystematisierung beeinflußt die gesellschaftliche Wirksamkeit des Rechts. Insofern ist es durchaus sinnvoll, sich mit Fragen einer effektiven Struktur des Rechts, mit seiner Systematisierung zu befassen, was sich auch in der dazu geführten intensiven rechtswissenschaftlichen Diskussion der letzten Jahre widerspiegelt. Da jedoch letztlich der Inhalt des Rechts für dessen gesellschaftliche Wirksamkeit entscheidend ist, sollten Fragen der Rechtssystematisierung auch nicht überbewertet werden. Die Einheit und Geschlossenheit des sozialistischen Rechts steht gegenüber seiner Differenzierung und Systematisierung im Vordergrund. Die in den Thesen, dem einleitenden Referat und einer Reihe von Diskussionsbeiträgen aufgeworfenen inhaltlichen Probleme der Rechtsentwicklung im Prozeß der sozialistischen ökonomischen Integration müssen deshalb den Schwerpunkt der künftigen Arbeit bilden.

Da das IWR jedoch zu den besonders umstrittenen Rechtszweigen gehört, möchte ich mich im folgenden einigen Aspekten der Rechtssystematisierung und der Stellung des IWR im Rechtssystem zuwenden:

1. Bekannt ist die Marxsche These, daß das Recht keine eigene Geschichte hat. Weniger bekannt ist die im Kern auf ähnliches abzielende – und die hier diskutierte Frage betreffende – Überlegung von F. Engels, daß das Recht in sich selbst einer systematischen Darstellung nicht fähig ist[1]. Das bedeutet, daß das Recht weder historisch noch systematisch von der Gesellschaft, insbesondere von den materiellen Gesellschaftsverhältnissen isoliert zu erfassen ist[2].

Daraus ist der Schluß zu ziehen, daß die grundlegenden Veränderungen der gesellschaftlichen Verhältnisse im Sozialismus nicht nur grundlegende Änderungen im Inhalt des Rechts, sondern auch im Rechtssystem bedingen.

Das im römischen Recht in den Grundzügen schon begründete – über die Kodifikationsdiskussion um die Zeit der französischen Revolution fortgesetzt und von den Vertretern der historischen Rechtsschule und den Positivisten perfektionierte – Rechtssystem wirkt trotz der Überwindung der Einteilung in öffentliches und privates Recht noch heute fort. So ist der Rechtszweigcharakter des Staats- und Verwaltungsrechts, des Völkerrechts, des Zivil- und Strafrechts unbestritten. Mit diesen traditionellen Rechtszweigen allein können jedoch die Veränderungen, die sich im sozialistischen Recht auf Grund der veränderten materiellen Gesellschaftsverhältnisse vollzogen haben, nicht hinreichend erfaßt werden.

Daraus ergibt sich die komplizierte Frage, welches System und welche Systematisierungskriterien dem sozialistischen Recht adäquat sind.

Dazu ist zunächst festzustellen, daß es hierüber in der sozialistischen Rechtswissenschaft eine Reihe weitgehend übereinstimmender Auffassungen gibt:

- wie das insbesondere von der sowjetischen Rechtswissenschaft herausgearbeitete Kriterium der Rechtszweigsystematisierung nach dem Regelungsgegenstand, letztlich also nach den vom Recht geregelten gesellschaftlichen Verhältnissen;
- wie die Erkenntnis, daß der Einteilung des Rechts in Zweige eine objektiv determinierte innere Ordnung des Rechtssystems zugrunde liegt, und daß die objektive Determiniertheit des Systemcharakters des sozialistischen Rechts Teil der objektiven Determiniertheit dieses Rechts ist, die eine willkürliche Systematisierung verbietet. Mollnau weist in diesem Zusammenhang[3] zu Recht darauf hin, daß die konkrete Gestaltung des Rechtssystems keine fotografische Wiedergabe dieses Systemcharakters ist. Er hält es im Anschluß an Eörsi nicht für paradox zu sagen, das Recht sei gegliedert und müsse gegliedert werden. Von daher leitet er auch die Unterschiede in den zu einem Rechtstyp gehörenden Rechtssystemen (sowohl im bürgerlichen als auch im sozialistischen Recht) ab.

Diese und andere im wesentlichen übereinstimmende Standpunkte zu Systematisierungsfragen haben nicht verhindert, daß die Auffassung über die bestehenden Rechtszweige mehr oder weniger divergieren.

In erster Linie dürfte das damit zusammenhängen, daß die Regelungsgegenstände, die gesellschaftlichen Verhältnisse, auf unterschiedlichen Ebenen liegen und nach unterschiedlichen Kriterien systematisiert werden können. Die gesellschaftlichen Verhältnisse sind auch Gegenstand anderer Gesellschaftswissenschaften und können – abhängig von der Zielstellung oder Funktion der Systematisierung – nach unterschiedlichen Kriterien klassifiziert werden. In der Rechtswissenschaft bestehen keine übereinstimmenden Auffassungen über die Einteilung der gesellschaftlichen Verhältnisse als Grundlage der Rechtssystematisierung. Für diese ergeben sich aber unterschiedliche Konsequenzen, je nachdem, ob z. B. die ökonomischen Beziehungen zwischen den Betrieben als Vermögens- oder als Wirtschaftsverhältnisse oder ob die ökonomischen Beziehungen im zwischenstaatlichen Bereich ausschließlich als Staatenbeziehungen oder auch als internationale Wirtschaftsbeziehungen erfaßt werden. Insofern bilden die geregelten gesellschaftlichen Verhältnisse, die Regelungsgegenstände, zwar ein notwendiges, aber kein hinreichendes Kriterium für die Rechtssystematisierung. Verbreitet wird auf regelungsmethodische Aspekte als ergänzend heranzuziehende Systematisierungskriterien verwiesen[4]. Ohne Zweifel können Regelungsmethoden, Gesetzesadressaten oder Subjekte von Rechtsverhältnissen als Kriterium für eine Rechtseinteilung herangezogen werden. So können adressatengerechte oder sachbezogene Textausgaben von Gesetzen zur Verbesserung der Rechtskenntnis und damit auch zur besseren Durchsetzung des Rechts beitragen. Ebenso können auch methodische Aspekte, wie die Unterscheidung von direkten und Verweisungsnormen, das Vorhandensein oder Nichtvorhandensein klagbarer Ansprüche, die Gleichstellung oder die Über- bzw. Unterordnung der Rechtssubjekte dazu dienen, die sich auch im Recht und in der Rechtswissenschaft vollziehenden Integrations- und Differenzierungsprozesse besser zu erfassen. Sie wurden auch für die Abgrenzung von Zivil- und Verwaltungsrecht herangezogen. Für die Gegenstandsbestimmung und Abgrenzung solcher Rechtszweige wie Arbeits-, Familien- und LPG-Recht oder Wirtschaftsrecht und Internationales Wirtschaftsrecht erscheinen sie mir als Hilfskriterien jedoch nur wenig geeignet. Aber auch das sozialistische Zivilrecht weist nicht mehr generell die regelungsmethodischen Spezifika auf, die herkömmlich zu seiner Charakterisierung angeführt werden, wie z. B. die Gleichstellung der Partner oder die Ausgestaltung ihrer Rechte als klagbare Ansprüche. Das zeigt sich z. B. in der im Zivilgesetzbuch der DDR zum Ausdruck kommenden und den sozialistischen Gesellschaftsverhältnissen entsprechenden Verbindung von zentraler staatlicher Leitung mit den Versorgungsaufgaben der Betriebe und den Vertragsbeziehungen zwischen Betrieben und Bürgern, in der differenzierten Gestaltung der Rechte der Betriebe und der Bürger, in der Normierung einer Reihe von Pflichten der Betriebe, die keine korrespondierenden klagbaren Ansprüche der Bürger begründet. Damit werden die herkömmlich dem Zivilrecht zugeschriebenen regelungsmethodischen Spezifika modifiziert und zugleich regelungsmethodische Unterschiede zu anderen Rechtszweigen relativiert. Ähnliches läßt sich auch für das sozialistische Arbeitsrecht feststellen. Deshalb führt auch das ergänzende Heranziehen regelungsmethodischer Aspekte in der Klärung der umstrittenen Systematisierungsfragen nicht viel weiter[5].

2. Ein zentrales Problem für die Rechtssystematisierung scheint mir die mit ihr verbundene Zielstellung oder Funktion zu sein. Jede Systembildung hängt von der Funktion des Systems bzw. von der mit der Systematisierung verbundenen Zielsetzung ab. Unterschiedliche Positionen in dieser Frage führen zwangsläufig zu unterschiedlichen Systemvorstellungen. Die Zielstellung der überkommenen Rechtssystematisierung hat R. V. Ihering treffend so formuliert: „Das System ist die praktisch vorteilhafteste Form des positiv gegebenen Stoffes“[6]. Die Rechtssystematisierung beschränkte sich tatsächlich vorrangig auf das Ordnen des geltenden positiven Rechts und entsprach damit der Legitimationsfunktion der Rechtswissenschaft.

Folgerichtig standen regelungsmethodische Aspekte bei der Rechtssystematisierung im Vordergrund sowie das Bestreben, das Recht „in sich selbst“[7] systematisch darzustellen. Demgegenüber muß eine Systematisierung des sozialistischen Rechts das Wechselverhältnis zwischen den materiellen gesellschaftlichen Verhältnissen, den Machtverhältnissen und dem Recht transparent gestalten sowohl für den Normadressaten, für die Rechtsanwendung, vor allem aber auch für die Rechtsentwicklung, die eine ständige Übereinstimmung zwischen dem geltenden Recht und den sich aus den Gesetzmäßigkeiten der gesellschaftlichen Entwicklung ergebenden Anforderungen herstellen muß. Ihre Funktion kann folglich nicht auf ein Ordnen des geltenden Rechts beschränkt sein.

Im Unterschied zur bürgerlichen Rechtssystematisierung, bei der methodische Aspekte im Vordergrund stehen und die in Kauf nimmt, daß die Treue der Abspiegelung mehr und mehr in die Brüche geht (Engels), muß die Systematisierung des sozialistischen Rechts die Treue der Abspiegelung für die Gegenwart und für die künftige Rechtsentwicklung fördern.

Diesen Anforderungen zu entsprechen bedeutet aber zwangsläufig auch, daß eine exakte Zäsur oder Abgrenzung, die oft gefordert wird, wohl nicht möglich ist. Infolge der Komplexität der gesellschaftlichen Verhältnisse führt jeder Versuch einer exakten Abgrenzung der Rechtszweige zu einem Zerreißen wesentlicher gesellschaftlicher Zusammenhänge, an deren Aufdeckung aber die sozialistische Gesellschaft gerade interessiert ist. Abgrenzungsprobleme zwischen verschiedenen Wissenschaftszweigen oder -disziplinen, die Anwendung unterschiedlicher Methoden (z. T. aus anderen Wissenschaften entlehnt) in einem eigenständigen Wissenschaftszweig, der Umstand, daß sich verschiedene Wissenschaftsgebiete – unter unterschiedlichen Aspekten – mit einem Gegenstand befassen, und nicht zuletzt auch der Meinungsstreit über die Existenz neuer, sich insbesondere in den Grenzbereichen überkommener Wissenschaften herausbildender Zweige und Gebiete sind keine spezifischen Probleme der Rechtswissenschaft. Die Beiträge der marxistischen Philosophie, der Naturwissenschaften und anderer Gesellschaftswissenschaften zur Lösung derartiger Systematisierungsprobleme können Anregungen für die Rechtssystematisierung bieten[8]. In der bisherigen Diskussion zu Fragen der Rechtssystematisierung haben solche Gesichtspunkte meines Erachtens eine zu geringe Rolle gespielt.

Daß sich Wirtschaftsrecht und Staats- und Verwaltungsrecht wie auch Völkerrecht und Internationales Wirtschaftsrecht teilweise mit dem selben Gegenstand befassen, oder sich das Internationale Wirtschaftsrecht teilweise Methoden bedient, die auch in anderen Rechtszweigen eine Rolle spielen, spricht jedenfalls nicht gegen den eigenständigen Charakter dieser Rechtszweige.

3. Unter der in Ziffer 2 herausgearbeiteten Zielstellung der Rechtssystematisierung sind die (nationalen und internationalen) Wirtschaftsverhältnisse solche Bereiche gesellschaftlicher Verhältnisse, die ihre unmittelbare Widerspiegelung im Rechtssystem finden müssen. Eine Auflösung z. B. des den Prozeß der sozialistischen ökonomischen Integration regelnden Rechts in Zivil-, Internationales Privatrecht, Völkerrecht, Prozeßrecht u. a. Zweige würde weder die erforderliche Transparenz zwischen den materiellen Prozessen und dem Recht noch eine planmäßige, den gesellschaftlichen Erfordernissen entsprechende Rechtsentwicklung fördern.

4. Die Rechtszweige Wirtschaftsrecht und Internationales Wirtschaftsrecht sind im Resultat grundlegender gesellschaftlicher Veränderungen im Sozialismus entstanden: als Ausdruck sozialistischer Produktionsverhältnisse, des damit verbundenen Wirkens der ökonomischen Gesetze des Sozialismus und ihrer bewußten Ausnutzung durch den sozialistischen Staat bzw. die sozialistischen Staaten. Bei diesen liegen politische Machtausübung, Wirtschaftsleitung und Wirtschaften in einer Hand. Damit hat sich die Rolle des Staates und seines Rechts in bezug auf die Wirtschaft gravierend verändert. Auffassungen, wonach Wirtschafts- oder Internationales Wirtschaftsrecht eine Negierung oder Herabminderung des Staates bedingen[9], verkennen diese veränderte Stellung und Funktion des sozialistischen Staates in bezug auf die Wirtschaft. Diese durch die sozialistischen Produktions-, Eigentums- und Machtverhältnisse bedingte veränderte Rolle des Staates ist der Dreh- und Angelpunkt des sozialistischen (nationalen und internationalen) Wirtschaftsrechts. Die leninsche Feststellung „Wir erkennen nichts Privates an, für uns ist auf dem Gebiet der Wirtschaft alles öffentlich-rechtlich und nicht privat“[10] bringt einen wesentlichen Ausgangspunkt dieser Rechtszweige zum Ausdruck. In These 7.4. wird zu Recht festgestellt, daß kein Vertreter des Internationalen Wirtschaftsrechts je die gleichzeitige Zugehörigkeit der die sozialistische ökonomische Integration betreffenden Staatenbeziehungen zum Völkerrecht in Zweifel gezogen habe. Das trifft nicht in gleicher Weise für das Verhältnis zum Zivilrecht und zum Internationalen Privatrecht zu. Denn die veränderte Rolle des Staates und des Rechts in bezug auf die Wirtschaft ließ das Zivilrecht – selbst bei inhaltlicher Veränderungen seiner Normen – für die Rechtsverhältnisse in der Wirtschaft ungeeignet erscheinen. Wirtschaftsrecht/Internationales Wirtschaftsrecht sind folgerichtig auch in der Anfangsphase vor allem in Auseinandersetzung mit dem Zivilrecht und Internationalen Privatrecht entwickelt worden.

Hierin liegt auch einer der prinzipiellen Unterschiede zu bürgerlichen Wirtschaftsrechts- oder Internationalen Wirtschaftsrechtsvorstellungen (das übrigens verbreitet nicht als eigenständiger Rechtszweig oder eigenständiges -gebiet angesehen wird[11]), durch die die Trennung von öffentlichem und privatem Recht nicht prinzipiell angetastet wurde[12].

Es gibt noch eine Reihe auch von Vertretern des Wirtschaftsrechts und Internationalen Wirtschaftsrechts diskutierte Probleme, die mit der Einordnung dieser Zweige in das Rechtssystem und der Bestimmung dieser Zweige, ihres Gegenstandes und ihrer Methoden zusammenhängen. Das betrifft auch die Frage, ob es sinnvoll ist, das Internationale Wirtschaftsrecht als komplexen Rechtszweig zu charakterisieren, wie in den

Thesen zum Ausdruck gebracht wurde. Mit diesem Begriff kann zwar verdeutlicht werden, daß sich das Internationale Wirtschaftsrecht unterschiedlicher, zum Teil anderen Zweigen entlehnter Formen und Methoden bedient, und die geregelten Verhältnisse zum Teil auch Gegenstand anderer Rechtszweige sind. Gegen die Charakterisierung des Internationalen Wirtschaftsrechts als komplexen Rechtszweig spricht jedoch, daß dieser Begriff die Vorstellung impliziert, als seien andere Zweige „methodenrein" und sei ansonsten eine exakte Abgrenzung der Zweige möglich. Da das generell nicht der Fall ist, ist im Grunde genommen jeder Rechtszweig komplex, wenn auch mehr oder weniger. Ein weiteres, seit langem diskutiertes und von Kemper wieder aufgegriffenes Problem besteht darin, ob das Internationale Wirtschaftsrecht nur die internationale Regelung der internationalen Wirtschaftsbeziehungen erfaßt oder auch deren (heute noch) einzelstaatliche. Unter dem Gesichtspunkt der heuristischen Funktion der Rechtssystematisierung dürfte eine Integration der letzteren sinnvoll sein, wenngleich sich dadurch weitere Abgrenzungsprobleme zu anderen Zweigen ergeben. Diese und eine Reihe anderer Probleme bedürfen der weiteren Diskussion in den entsprechenden Gremien.

## Anmerkungen

1 Vgl. MEW Bd. 21, S. 302.

2 Vgl. dazu H. Klenner, Mommsen – der Jurist, in: J. Kuczynski, Studien zu einer Geschichte der Gesellschaftswissenschaften, Bd. 9, Berlin 1978, S. 234 sowie K.-A. Mollnau in: Marxistisch-leninistische Staats- und Rechtstheorie (Lehrbuch), Berlin 1980, S. 544 f.

3 Vgl. K.-A. Mollnau in: Marxistisch-leninistische Staats- und Rechtstheorie (Lehrbuch), Berlin 1980, S. 546.

4 Bürgerliche Juristen machen zum Teil die Eigenständigkeit eines Wirtschaftsrechts vom Vorhandensein einer spezifischen wirtschaftsrechtlichen Methode abhängig; vgl. z. B. R. Fröhler, Das Wirtschaftsrecht als Instrument der Wirtschaftspolitik, Wien/New York 1969, S. 172.

5 Solche Probleme spielen übrigens auch bei der Systematisierung der Naturwissenschaften eine Rolle. Z. B. werden bei neueren naturwissenschaftlichen Disziplinen – als Ausdruck des Integrations- und Differenzierungsprozesses – oft Methoden aus anderen Wissenschaften (wie chemische, physikalische) angewandt, vgl. z. B. E. Schubert, Physiologie des Menschen, Jena 1977, S. 5 ff.

6 R. V. Ihering, Geist des römischen Rechts, II, 2, S. 383.

7 Vgl. F. Engels, Anm. 1.

8 Aus der umfangreichen Literatur vgl. u. a. R. Rochhausen, Die Klassifikation der Wissenschaften als philosophisches Problem, Berlin 1968, P. M. Kedrow, Die Klassifizierung der Wissenschaften Bd. I und II, Moskau 1961 und 1965 (russ.), H. Hörz, Marxistische Philosophie und Naturwissenschaften, Berlin 1974, S. 511 ff. und D. Wittich, Marxistisch-leninistische Erkenntnistheorie, Berlin 1978, S. 485 ff.

9 Wie sie z. B. im Lehrbuch Völkerrecht, Bd. I, Berlin 1973, S. 77 in bezug auf das Internationale Wirtschaftsrecht anklingen.

10 W. I. Lenin, Werke Bd. 36, S. 550.

11 Das gilt auch für neuere Arbeiten. R. Wiethölter z. B. (in: Goerlitz, Handlexikon der Rechtswissenschaften, 1972, Art. Wirtschaftsrecht) nennt das Wirtschaftsrecht ein „zauberisches Paradoxon" und spricht ihm die Fähigkeit ab, ein abgrenzbares Rechtsgebiet zu sein.

12 Vgl. dazu näher Wirtschafts- und Außenwirtschaftsrecht für Ökonomen, Berlin 1977, S. 96 f. Zu neueren Arbeiten vgl. auch L. Raiser, Der Gegenstand des Wirtschaftsrechts, ZHR 143 (1979), 338 ff. und die dort besprochene Wirtschaftsrechtsliteratur.

Lothar Rüster

# Zum Stand und zu den weiteren Aufgaben der Rechtsentwicklung im RGW

Die mit den vorliegenden Thesen zur Diskussion gestellten Probleme der Rechtsbildung und Rechtsverwirklichung im Prozeß der sozialistischen ökonomischen Integration sind von hoher Aktualität.

Der XXVI. Parteitag der KPdSU, der X. Parteitag der SED und die Parteitage der anderen Bruderparteien der RGW-Länder haben das große Gewicht der planmäßigen, intensiven und gegenseitig vorteilhaften ökonomischen und wissenschaftlich-technischen Zusammenarbeit im Rahmen des RGW für die Stabilität und das weitere Wachstum der Volkswirtschaft eindeutig unterstrichen. Wenn die DDR – wie E. Honecker im Bericht des ZK an den X. Parteitag der SED ausdrücklich feststellte – dank ihrer engen Zusammenarbeit mit der Sowjetunion und den anderen Mitgliedsländern des RGW auch in Zukunft in der Lage ist, ihre stabile und dynamische Entwicklung als fester Bestandteil der sozialistischen Staatengemeinschaft zu gewährleisten[1], so ist damit deutlich der Stellenwert bestimmt, den diese Zusammenarbeit für die Fortführung der Politik der Hauptaufgabe besitzt. Die Zusammenarbeit im RGW, insbesondere zur Deckung des Roh-, Brennstoff- und Energiebedarfs sowie zur Entwicklung einer effektiven und eng mit der wissenschaftlich-technischen Zusammenarbeit verbundenen Spezialisierung und Kooperation der Produktion hat für die DDR wie auch die anderen RGW-Länder grundsätzliche politische und ökonomische Bedeutung[2].

Auf der XXXV. Tagung des RGW konnte die insgesamt erfolgreiche Erfüllung des Komplexprogramms konstatiert werden, wobei die erzielten Erfolge die Lebenskraft der Grundprinzipien, Ziele, Formen und Methoden der Tätigkeit des RGW bestätigt haben[3]. In dieser grundsätzlichen Feststellung sind auch die Ergebnisse eingeschlossen, die in den seit der Annahme des Komplexprogramms vergangenen 10 Jahre bei der Entwicklung der Rechtsgrundlagen für die wirtschaftliche und wissenschaftlich-technische Zusammenarbeit der RGW-Länder erreicht wurden.

In den 70er Jahren wurde praktisch die Untersuchung und Ausarbeitung aller im Komplexprogramm genannten Rechtsfragen[4] in Angriff genommen. Dabei konnten einige Regelungsvorhaben grundsätzlich abgeschlossen werden, so z. B. auf den Gebieten der Schiedsgerichtsbarkeit, der Standardisierung und des Rechtsschutzes von gemeinsamen Erfindungen. Andere rechtliche Regelungen sind in ihrem Kern konsolidiert, wenngleich sie ständiger Vervollkommnung und Entwicklung bedürfen (das betrifft insbesondere die Allgemeinen Liefer- und Leistungsbedingungen im Außenhandel). Ein Teil der Vorhaben befindet sich in der Phase der praktischen Erprobung erster, z. T. vorläufiger Regelungsergebnisse (z. B. in der Planungszusammenarbeit, der wissenschaftlich-technischen Zusammenarbeit, der Spezialisierung und Kooperation der Produktion und bei den internationalen Wirtschaftsorganisationen). Einige weitere Aufgaben sind im Anfangsstadium der Ausarbeitung, so z. B. in der Investitionszusammenarbeit und bei der Annäherung und Vereinheitlichung nationaler Rechtsnormen.

Die erreichten Normierungsergebnisse weisen Unterschiede in der Intensität der recht-

lichen Regelung und dem Grad der Verbindlichkeit der einzelnen Regelungen auf. Die Skala reicht von entfalteten, allgemeinverbindlichen rechtlichen Regelungen bis zu Orientierungs- oder Musterregelungen und Typenverträgen.
Das in Form, Inhalt und Struktur differenzierte Bild der Rechtsentwicklung im RGW ist im wesentlichen durch objektive Gründe bedingt. Die Neuheit, Kompliziertheit und Komplexität der zu regelnden gesellschaftlichen Verhältnisse stellen an das sozialistische Recht, sein Instrumentarium und seine Systematik hohe Anforderungen, denen auf Grund unterschiedlicher ökonomischer Interessen, geringer praktischer Erfahrungen und des Fehlens vorgeformter rechtlicher Lösungen nicht sofort bzw. nicht in vollem Maße entsprochen werden kann. Das findet insbesondere in dem großen Anteil vorläufiger Regelungen mit Orientierungs- und Mustercharakter seinen Niederschlag, die vor allem für neue Bereiche und Formen der wirtschaftlichen und wissenschaftlich-technischen Zusammenarbeit ausgearbeitet worden sind.

Dadurch kommt es zu einem charakteristischen Widerspruch zwischen ökonomischer und rechtlicher Entwicklung. Die Bereiche und Formen der ökonomischen Zusammenarbeit in der Sphäre der materiellen Produktion, einschließlich Wissenschaft und Technik, auf die sich die RGW-Länder immer stärker konzentrieren und die das Bestimmende im Integrationsprozeß ausmachen, treten dem Recht als neue, nichttraditionelle und der nationalen Gesetzgebung weitgehend unbekannte Regelungsgegenstände gegenüber. Sie werden vom Recht nur zögernd erfaßt und zunächst nach Umfang und Tiefe in begrenzte Regelungsergebnisse (vgl. insbesondere die Berichte über die Rechtsfragen der Koordinierung der Volkswirtschaftspläne und der gemeinsamen Planung) bzw. in solche mit niedrigem Regelungsniveau (vgl. insbesondere die Musterbedingungen und -verträge in der wissenschaftlich-technischen Zusammenarbeit) verarbeitet. Anders ausgedrückt: Die Rechtssetzung im RGW konzentriert sich auf völkerrechtliche oder zivilrechtliche Materien mit traditioneller Regelungsstruktur (z. B. völkerrechtliche Privilegien und Immunitäten zwischenstaatlicher ökonomischer Organisationen oder Rechte und Pflichten sowie Verantwortlichkeit der Partner von Außenhandelsverträgen), während die ökonomisch gravierenden Planungs-, Koordinierungs-, Investitions- und z. T. auch Kooperationsprozesse in Wissenschaft, Technik und Produktion zunächst am Rande der rechtlichen Regelung bleiben.

Dieser Widerspruch wird sich nur allmählich, über einen längeren Zeitraum und nur auf der Grundlage des weiter voranschreitenden und sich vertiefenden ökonomischen Integrationsprozesses lösen lassen.

Ein Fortschritt wurde in diesem Zusammenhang erst kürzlich mit der Annahme der Allgemeinen Bedingungen des RGW für die Spezialisierung und Kooperation der Produktion erreicht. Erstmalig wurde eine Form der Zusammenarbeit in der materiellen Produktion, die zugleich eine der aktuellsten und wichtigsten Entwicklungsrichtungen der sozialistischen ökonomischen Integration überhaupt darstellt, einer allgemeinen rechtlichen Regelung in Form eines verbindlichen Normativaktes des RGW unterzogen. Allerdings erfolgte die rechtliche Regelung nicht komplex, sondern nur am Modell des internationalen Spezialisierungs- und Kooperationsvertrages auf der Ebene der Wirtschaftsorganisationen orientiert, so daß die zwischenstaatliche Spezialisierung und Kooperation, einschließlich der Vorbereitung, Leitung und Sicherung der zwischenbetrieblichen Spezialisierung und Kooperation der Produktion durch die Staaten, gewissermaßen in einer zweiten Runde angegangen werden muß. Außerdem dürfte die Regelungseffektivität der Allgemeinen Spezialisierungs- und Kooperationsbedingungen wegen der unzureichenden Ausgestaltung der Rechtsfolgenregelung und des großen Anteils fakulativer Bestimmungen hinter der anerkanntermaßen hohen Wirksamkeit der

Allgemeinen Liefer- und Leistungsbedingungen im Außenhandel vorerst zurückbleiben. Dennoch sind die Allgemeinen Bedingungen für die Spezialisierung und Kooperation der Produktion in rechtspolitischer Hinsicht als Erfolg zu werten, den es zunächst auf weitere Gebiete, insbesondere die internationale Forschungskooperation und andere Formen der wissenschaftlich-technischen Zusammenarbeit auszudehnen gilt. Erst in der weiteren Perspektive könnte die Ausarbeitung einer systematischen, mehr oder weniger geschlossenen, auf einheitlichem Niveau erfolgenden rechtlichen Regelung (Kodifizierung) der internationalen wirtschaftlichen und wissenschaftlich-technischen Zusammenarbeit der RGW-Länder ins Auge gefaßt werden. Dazu bedarf es umfassender und gründlicher theoretischer und konzeptioneller Vorarbeiten in der Wissenschaft und in den staatlichen Organen sowie einer breiten internationalen wissenschaftlichen Zusammenarbeit und Abstimmung.

Zur Vervollkommnung der Rechtsgrundlagen der wirtschaftlichen und wissenschaftlich-technischen Zusammenarbeit der RGW-Länder können grundsätzlich drei verschiedene Methoden angewandt werden:
1. die Vereinheitlichung von Kollisionsnormen,
2. die Rechtsangleichung und -vereinheitlichung nationaler materiell-rechtlicher Normen,
3. die Schaffung internationaler einheitlicher Spezialnormen.

Die Anwendung dieser oder jener Regelungsmethode ist objektiv durch das jeweilige Regelungsobjekt determiniert, jedoch muß dieser Zusammenhang von der rechtspolitischen Konzeption reflektiert werden, was praktisch zu unterschiedlichen Variationen der rechtlichen Regelungsmethoden führen kann. Bisher wurde in der praktischen Rechtssetzungstätigkeit des RGW der Schaffung international einheitlicher Spezialregelungen der Vorzug gegeben. Diese Regelungsmethode muß grundsätzlich als adäquat, optimale Methode zur Regelung von Wirtschaftsverhältnissen mit internationalem Sachverhalt angesehen werden. Durch ihre Anwendung gelang es bereits Ende der 50er, Anfang der 60er Jahre die internationalen Liefer- und Leistungsbeziehungen im Außenhandel einer umfassenden, ihrem inneren Wesen gerecht werdenden internationalen rechtlichen Regelung zu unterziehen, wobei das nationale Zivil- bzw. Wirtschaftsrecht der RGW-Länder weder in seiner Struktur noch in seiner Substanz grundsätzlich tangiert wurde. Dies wurde dadurch begünstigt, daß der Außenhandel auf der Grundlage des in den RGW-Ländern übereinstimmend geltenden und praktizierten Außenhandelsmonopols weitgehend verselbständigt war.

Der Erfolg der international einheitlichen Spezialregelung im Außenhandel ließ sich nicht ohne weiteres auf anderen, stärker in die inneren Wirtschafts- und Rechtssysteme der RGW-Länder hineinreichenden Gebieten, die inzwischen infolge des beginnenden Integrationsprozesses in die internationale sozialistische ökonomische Zusammenarbeit einbezogen worden waren, wiederholen. Dieser Umstand spielte z. B. bei der Ausarbeitung einer international einheitlichen rechtlichen Regelung für die Bildung und Tätigkeit internationaler Wirtschaftsorganisationen eine Rolle (neben den freilich gravierenden Gründen des Fehlens materieller Voraussetzungen und der unzureichenden Klärung ökonomischer Fragen grundsätzlicher und methodischer Art). Andererseits zeigte sich auch im Außenhandel mit der stärkeren Einbeziehung der Industrie in die Außenbeziehungen ein Widerspruch zwischen internationaler Spezialregelung und innerstaatlicher allgemeiner rechtlicher Regelung, der in der DDR z. B. mit Hilfe des „Durchwirkens" der RGW-Regelung auf die Außenhandelsbinnenbeziehungen, d. h. dadurch gelöst wurde, daß im Verhältnis zwischen Außenhandelsbetrieb (AHB) und Exportbetrieb grundsätzlich die gleiche Verantwortlichkeitsregelung wie zwischen AHB und ausländischem Partner nach den Allgemeinen Lieferbedingungen des RGW gilt.

Generell ergibt sich aus diesen Entwicklungsproblemen der rechtlichen Regelung der internationalen Wirtschaftsbeziehungen zwischen den RGW-Ländern die Notwendigkeit, die Methode der internationalen einheitlichen Spezialregelung – bei ihrer weiteren Dominanz in der Rechtsetzungstätigkeit des RGW – stärker mit der Methode der Rechtsangleichung und -vereinheitlichung nationaler Rechtsnormen zu verbinden. Beide Methoden sind nicht als gegensätzliche oder sich einander ausschließende, sondern als sich gegenseitig ergänzende Regelungsmethoden anzusehen. Je mehr der Integrationsprozeß ursprünglich ausschließlich interne Bereiche der nationalen Rechtsordnungen tangiert, desto mehr müssen international einheitliche Spezialregelungen durch die Annäherung und Angleichung nationaler Rechtsnormen vorbereitet und unterstützt werden.

Dabei geht es weniger um formelle Vereinheitlichungen, als vielmehr um die inhaltliche Annäherung und Angleichung innerstaatlicher Regelungen, die durch divergierende rechtliche Lösungen den Integrationsprozeß negativ beeinflussen, aber für eine international einheitliche rechtliche Regelung nicht in Frage kommen, da sie primär mit dem Gesamtsystem der innerstaatlichen Leitung und Planung verbunden sind. Das betrifft insbesondere die Kompetenzregelungen für Wirtschaftsorgane und -organisationen mit Außenwirtschaftsbefugnissen, die Verfahrensregelungen für die Vorbereitung, Abstimmung und Realisierung internationaler Planungsaktivitäten, Spezialisierungs- und Kooperationsvorhaben, Investitionsobjekte und dergleichen.

Hier berührt die Methode der Rechtsannäherung und -vereinheitlichung auch die innerstaatliche Spezialregelung, die die allgemeinen internationalen Regelungserfordernissen in sich aufnehmen und entsprechend den konkreten Gegebenheiten der nationalen Rechts- und Wirtschaftsordnung individuell realisieren muß (vgl. z. B. Kooperationsordnung der DDR, rechtliche Bedingungen für die Tätigkeit gemeinsamer Betriebe in ihrem Sitzland). Mit fortschreitendem Integrationsprozeß greift die Notwendigkeit der Schaffung spezieller nationaler Rechtsvorschriften für Verhältnisse mit Auslandsberührung auf immer weitere Rechtsgebiete und -zweige über, darunter auch auf solche, die nicht unmittelbar mit der ökonomischen Integration verbunden sind, wie z. B. das Arbeitsrecht. Parallel dazu verläuft der Prozeß der immer stärkeren Berücksichtigung internationaler Momente auch in allgemeinen innerstaatlichen rechtlichen Regelungen (vgl. z. B. Kombinatsverordnung). Bei der Angleichung innerstaatlicher rechtlicher Regelungen muß allerdings vor Tendenzen einer verselbständigten, verabsolutierten Rechtsvereinheitlichung, die nach sich selbst genügender Vollständigkeit strebt, gewarnt werden. Die Rechtsangleichung muß immer mit den tatsächlichen Regelungserfordernissen des Integrationsprozesses im Zusammenhang stehen und darf nicht zum Selbstzweck werden. Solche Gefahren können z. B. bei der Rechtsangleichung auf dem Gebiet des internationalen Vertragsrechts entstehen, wenn über das ursprüngliche Ziel der Lückenfüllung der internationalen Spezialregelungen hinaus ein in sich geschlossenes abstraktes internationales Zivilrecht angestrebt wird.

Neben den Methoden der international einheitlichen Spezialregelung und der Annäherung und Vereinheitlichung materieller nationaler Rechtsnormen behält auch die Vereinheitlichung von Kollisionsnormen in bestimmten Bereichen der internationalen Wirtschaftsbeziehungen ihre Bedeutung. Der Rückgriff auf nationales Recht zur Schließung von Lücken in den internationalen Spezialregelungen ist zwar wegen des damit verbundenen Risikos inadäquater Regelungsergebnisse prinzipiell unerwünscht, aber praktisch unvermeidlich, weil sich diese Lücken auf dem Wege der Vervollkommnung der internationalen Regelungen nie ganz schließen lassen. Ausgehend von dieser Prämisse haben internationale vereinheitlichte Kollisionsnormen gegenüber nationalen den Vorzug, daß sie anknüpfend an einheitliche Kriterien immer auf das Recht eines Landes verweisen, das auf diese Weise für die Partner des betreffenden Rechtsverhältnisses voraussehbar und kalkulierbar wird.

Über die Funktion der Lückenfüllung hinaus, haben einheitliche Kollisionsnormen in bestimmten Bereichen der RGW-Zusammenarbeit die Aufgabe, international beeinflußte, aber im nationalen Rahmen zu realisierende Rechtsverhältnisse in dem erforderlichen Umfang mit dem Planungs-, Leitungs- und Rechtssystem eines RGW-Landes zu verbinden. Das gilt z. B. für die rechtliche Regelung der Wirtschaftstätigkeit gemeinsamer Betriebe durch das jeweilige Sitzland, die Normierung von Arbeitsverhältnissen ausländischer Werktätiger durch das Aufenthaltsland usw.

Eng verbunden mit den Regelungsmethoden ist das Problem der Regelungsformen.

International einheitliche Spezialregelungen werden sowohl in Form bestätigter RGW-Empfehlungen (Allgemeine Bedingungen im Außenhandel) als auch in Form völkerrechtlicher Verträge (Schiedsgerichtskonvention, Standardisierungskonvention, Rechtsschutzabkommen z. a.) geschaffen.[5] Beiden Regelungsformen muß gleiche rechtsetzende Bedeutung zugemessen werden. Entscheidend ist, daß die Anwendungsklauseln beider Arten von Rechtsakten die unveränderte innerstaatliche Inkraftsetzung der Spezialregelungen gewährleisten.

Eine klare funktionale Abgrenzung zwischen Empfehlungs- und Vertragsform läßt sich in der Praxis nicht feststellen. Wegen der größeren Flexibilität sollte der Form der Empfehlung dann der Vorzug gegeben werden, wenn die Spezialregelungen ständiger Vervollkommnung bzw. häufiger Veränderung bedürfen. Legislative Bedenken gegen die Empfehlungsform sind auf Grund der einschlägigen Bestimmungen des RGW-Status und des Komplexprogramms nicht begründet und werden auch von der Staatenpraxis widerlegt, die RGW-Empfehlungen mit Normativcharakter hinsichtlich der innerstaatlichen Rechtskraft wie völkerrechtliche Verträge gleichen Charakters behandelt.

RGW-Empfehlungen und völkerrechtliche Verträge können auch parallel als Rechtsformen für die Rechtsangleichung und -vereinheitlichung genutzt werden. Derartige Projekte können in diesen Formen entweder als Einheitsregelungen mit unveränderter Übernahme in das innerstaatliche Recht oder als Modellregelungen realisiert werden. Letztere können in das innerstaatliche Recht mit gewissen Modifikationen transformiert werden. Als Beispiel hierfür kann das Einheitliche Schiedsgerichtsreglement des RGW angesehen werden, das in nationale Schiedsgerichtsordnungen umgesetzt wurde. Denkbar ist auch die Abstimmung von Zielvorstellungen im RGW, nach denen innerstaatliche Rechtsetzungsakte übereinstimmend ausgerichtet werden. Diese Variante ist besonders für die Rechtsannäherung nationaler Kompetenz- und Verfahrensregelungen (z. B. Planungsordnungen) geeignet. Sie wurde bisher im RGW noch nicht genutzt, könnte aber mit der Intensivierung der Konsultationen zu Fragen der Wirtschaftspolitik an Bedeutung gewinnen.

Ein besonderes Rechtsproblem stellen die in Form von RGW-Empfehlungen angenommenen Orientierungs- und Musterregelungen sowie Typenverträge dar.

Im Unterschied zu den Allgemeinen Bedingungen des RGW besitzen derartige Regelungen keine allgemeine rechtliche Verbindlichkeit. Sie werden von den RGW-Organen mit der Empfehlung an die Mitgliedsländer angenommen, sich von ihnen leiten zu lassen bzw. sie als Anleitung zu nutzen (Orientierungsregelungen) oder sie nach eigenem Ermessen zu berücksichtigen bzw. zu nutzen (Musterregelungen und Typenverträge). Mit diesem Inhalt werden die Orientierungs- und Musterregelungen auch von den RGW-Staaten bestätigt und können auch nur so an die Wirtschaftsorgane und -organisationen der Länder weiter adressiert werden. Wie die praktischen Erfahrungen zeigen, werden

die von den Orientierungs- und Musterregelungen vorgegebenen rechtlichen Lösungen weitgehend in die individuellen vertraglichen Vereinbarungen übernommen.
Der Rechtscharakter der Orientierungs- und Musterregelungen des RGW wird unterschiedlich gedeutet. Weitgehende Übereinstimmung besteht insoweit, als sie als erste, vorläufige Ergebnisse auf dem Wege zur Schaffung allgemeiner rechtlicher Regelungen eingeschätzt werden. Darüber, ob ihnen der Charakter von Rechtsnormen zukommt, bestehen verschiedene Auffassungen.
Obwohl die Orientierungs- und Musterregelungen im allgemeinen wohl nur als provisorische Regelungen anzusehen sind, ist die Frage nach ihrem Rechtscharakter nicht ohne Bedeutung. Das um so mehr, als im Zusammenhang mit der Herausbildung neuer Gebiete und Formen der ökonomischen Zusammenarbeit derartige Regelungen immer wieder neu entstehen werden und sie darüber hinaus auf einigen Gebieten als komplementäre Regelungsformen zu allgemeinverbindlichen rechtlichen Bedingungen ständig eingesetzt werden können (vor allem als Typenverträge).

Deshalb erscheint es sinnvoll, die Orientierungs- und Musterregelungen als ständiges Element in den Rechtsmechanismus des RGW einzuordnen. Die in ihnen enthaltenen Normen sind als empfehlende Rechtsnormen zu charakterisieren, durch die den Normadressaten ein bestimmtes Verhaltensmodell empfohlen wird, das sie ausschließlich durch eigene Rechtshandlungen (Vereinbarungen) realisieren. Ihr rechtlicher Geltungsgrund sind Empfehlungen des RGW, die auf der Willensübereinstimmung der Mitgliedstaaten beruhen und als Willensentscheidung des Rates als internationaler zwischenstaatlicher Organisation mehr als ein moralischer Appell oder bloßer Rat sind. Mit der Bestätigung der Empfehlungen des RGW durch die Mitgliedsländer werden die Orientierungs- und Musterregelungen staatlich sanktioniert.

Über das Gesamtsystem rechtlicher Regelung im RGW sind sie mit im strikten Sinne verbindlichen Rechtsprinzipien und -normen der RGW-Zusammenarbeit verbunden, die sie konkretisieren und entwickeln und auf die sie in ihrem Kern zurückzuführen sind.

Ein in letzter Zeit besonders akut gewordenes Problem der Rechtsverwirklichung in der Rechtsverwirklichung in der RGW-Zusammenarbeit ist die Sicherung der Erfüllung übernommener Liefer- und Leistungsverpflichtungen.

Der Kern des Problems besteht in der Frage, wie das Recht noch stärker genutzt werden kann, um den ökonomischen Beziehungen zwischen den RGW-Ländern die erforderliche Stabilität zu verleihen und zugleich die darin eingeschlossene Flexibilität zu gewährleisten.

Genosse E. Honecker hat auf dem X. Parteitag betont, daß die Roh- und Brennstoffbezüge hauptsächlich aus der Sowjetunion für die DDR lebenswichtig sind. Er hat in diesem Zusammenhang darauf hingewiesen, daß wir zur Sicherung der vereinbarten Rohstoffimporte vor allem durch die strikte Erfüllung unserer Exportverpflichtungen beitragen.[6] Es ist klar, daß hier eine gegenseitige Abhängigkeit besteht, die bis in die Verantwortlichkeitsregelung hineinreicht. In den zwischen der UdSSR und den anderen RGW-Ländern abgeschlossenen Investitionsbeteiligungsabkommen ist z. B. ausdrücklich festgelegt, daß sich die Höhe des Bezugsanspruches auf Lieferungen aus dem gemeinsamen Investitionsobjekt nach dem tatsächlich erbrachten Anteil von Ausrüstungen und Maschinen für das Investitionsobjekt richtet. Auch im Rahmen einer immer größeren Anzahl von Spezialisierungsvereinbarungen bewirkt – oder ermöglicht zumindest – eine ausgewogene Aufteilung der gegenseitigen Spezialisierungsverpflichtungen de facto eine wechselseitige gebrauchswertmäßige Leistungsbindung.

Diese gebrauchswertorientierten Formen der Erfüllungssicherung haben sich mehr oder weniger neben den traditionellen juristischen Verantwortlichkeitsfolgen, die an

Wertkategorien orientiert sind, wie Vertragsstrafe, Schadenersatz, usw., entwickelt. Natürlich bleiben letztere, wo bisher vorhanden, auch weiterhin bestehen; bedeuten, wo verwirkt, ökonomischen Verlust. Ihre regulierende und auch schadensausgleichende Funktion und Wirkung ist aber unter den Bedingungen der verstärkten direkten gebrauchswertmäßigen Steuerung des Waren- und Leistungsaustausches einerseits und der explodierenden Weltmarktpreise andererseits, eingeschränkt. Jedes Gläubigerland sichert seine ökonomischen Interessen unter diesen Bedingungen wirksamer durch direkte gegenseitige gebrauchswertmäßige Liefer- und Leistungsbedingungen.

Die in jedem Falle negativen Folgen von Erfüllungsstörungen in den außenwirtschaftlichen Beziehungen der RGW-Länder zwingen dazu, Regulierungsformen anzustreben, die diese Auswirkungen möglichst eliminieren oder weitgehend minimieren. Dabei sollte stärker nach Wegen und Möglichkeiten der Erfüllungsförderung und -sicherung bereits im Vorfeld des Entstehens von Ansprüchen und Verantwortlichkeitsfolgen gesucht werden. Größere Aufmerksamkeit verdienen die organisationsrechtlichen Mechanismen der gemeinsamen Erfüllungskontrolle, der Vertragsanpassung im gegenseitigen Einvernehmen und der Tätigkeit entsprechender institutioneller Gremien. Die einvernehmliche Vertragsanpassung in Form von Vertragsänderungen, -ergänzungen und -präzisierungen im Ergebnis kontinuierlicher gemeinsamer Vertragserfüllungskontrollen sollte Vorrang genießen. Dazu könnte das vorhandene institutionelle Instrumentarium, insbesondere die Räte der Bevollmächtigten der Vertragspartner, stärker genutzt werden. Voraussetzungen wären entsprechende wechselseitige Informationen der Vertragspartner über entstandene, besser noch über drohende Erfüllungsstörungen sowie entsprechende Befugnisse der Räte der Bevollmächtigten zur Vertragsanpassung.

Weiterhin könnten auf der Grundlage tatsächlicher ausgewogener gegenseitiger gebrauchswertmäßiger Leistungsverpflichtungen Leistungsaufschub- und -verweigerungsrechte exakt vertraglich geregelt werden.

Schließlich müßten Erfüllungsprobleme, die auf der Ebene der Wirtschaftsorganisationen entstehen und von diesen nicht eigenverantwortlich gelöst werden können, auf die nächst höhere Ebene der zuständigen RGW-Organe, Wirtschaftsausschüsse oder spezialisierten Organisationen gehoben werden können, so daß entsprechend der realen Subjektstruktur der sozialistischen ökonomischen Integration auch international ein gewisses vertikales, wenn auch abgeleitetes Moment zur Wirkung kommen könnte.

Abschließend noch eine kurze Bemerkung zur rechtssystematischen Erfassung der hier zur Debatte stehenden Regelungsmaterie. Weit davon entfernt, die Bedeutung rechtssystematischer Diskussionen zu überschätzen, kann wohl aber nicht übersehen werden, daß sich grundlegende konzeptionelle Probleme der Rechtsentwicklung insgesamt oder auf einem bestimmten Gebiet schließlich auch in rechtssystematischen Überlegungen niederschlagen. Sie dürfen nicht überbewertet werden, in den Vordergrund treten oder Selbstzweck werden; aber auf der Suche nach optimalen Regelungsmodellen müssen sie möglich sein. Nach unserem theoretischen Selbstverständnis ist die Rechtszweigsystematisierung objektiv determiniert. Also können wir Rechtszweige weder willkürlich schaffen noch abschaffen. Es ist überflüssig, hier auf Vergangenes zu verweisen. Wir können durch unsere theoretische Arbeit Rechtszweige lediglich aufdecken und herausbilden helfen. Die damit verbundenen Probleme müssen für die theoretische Diskussion offen bleiben. Worauf es auf dem Gebiet des Rechts der sozialistischen ökonomischen Integration konkret ankommt, ist, der Komplexität und Spezifik der tatsächlichen ökonomischen Verhältnisse auch in der rechtlichen Regelung gerecht zu werden. Das ist kein formelles Kriterium, sondern dahinter verbergen sich zwei wichtige inhaltliche Anliegen: erstens, die leitende Rolle des bzw. der sozialistischen Staaten durch funktionelle Verknüpfung der zwischenstaatlichen und der Ebene der Wirtschaftsorganisationen auch international zum Tragen zu bringen und, zweitens, mit der international einheitlichen rechtlichen Regelung die optimale Regelungsmethode für die internationalen Wirtschaftsbeziehungen auf der Ebene der Wirtschaftsorganisationen zur Anwendung gelangen zu lassen.

## Anmerkungen

1 Vgl. Bericht des ZK der SED an den X. Parteitag, Berichterstatter E. Honecker, Berlin 1981, S. 8.
2 A. a. O., S. 82.
3 Vgl. Kommunique der XXXV. Tagung des RGW, ND vom 7. 7. 1981.
4 Vgl. Abschnitt 15 des Komplexprogramms, in: Grunddokumente des RGW, Berlin 1978, S. 134 bis 137.
5 Vgl. Wirtschaftliche und wissenschaftlich-technische Zusammenarbeit der RGW-Länder, Dokumente, Berlin 1981.
6 Vgl. Bericht des ZK der SED an den X. Parteitag, a. a. O., S. 82/83.

Dietrich Maskow

# Zur wissenschaftlichen Erfassung der Rechtsentwicklung im Prozeß der sozialistischen ökonomischen Integration

In den mehr als 30 Jahren des Bestehens des RGW hat diese Organisation eine immense und erfolgreiche Arbeit geleistet. Das findet auch in der Entwicklung der Rechtsformen ihrer Tätigkeit seinen Ausdruck. Die junge Rechtswissenschaft der DDR hat sich dieser Thematik nicht sogleich bemächtigt. Ende der 50er und Anfang der 60er Jahre setzte jedoch eine intensive Beschäftigung damit ein. Damals entstanden auch die grundlegenden konzeptionellen Vorstellungen, die später ausgebaut und substantiiert wurden. In jenen Jahren, in denen sich die Konzeption des Rechts der internationalen Wirtschaftsbeziehungen/Internationalen Wirtschaftsrecht (RIW/IWR) entwickelte, ging es zunächst um die internationalen Wirtschaftsbeziehungen in ihrer Gesamtheit. Aber von Anfang an spielte die adäquate Erfassung der Rechtsbeziehungen der sozialistischen intrasystemaren Wirtschaftszusammenarbeit die Hauptrolle. Ihre gesonderte Erfassung, verbunden mit einer geschlossenen Darstellung, erfolgte in der DDR erstmals in den Arbeiten von Kemper und Kirsten aus dem Jahre 1965[1].

Im Unterschied zu einer Reihe anderer Rechtszweige, die an überkommenes Normenmaterial und dessen theoretische Erfassung anknüpften, mußte auf diesem Gebiet auch personell völlig neu begonnen werden. Vor allem aber setzte die wissenschaftliche Erfassung dieser Materie auch in der Sowjetunion erst wesentlich später ein, da die sozialistische intrasystemare Wirtschaftszusammenarbeit die Existenz eines internationalen sozialistischen Wirtschaftssystems voraussetzt und demzufolge erst nach dem 2. Weltkrieg entstehen konnte.

Zur Zeit der Babelsberger staats- und rechtswissenschaftlichen Konferenz im Jahre 1958 hatte die wissenschaftliche Erfassung der rechtlichen Regelung der sozialistischen intrasystemaren Wirtschaftsbeziehungen in der DDR gerade erst eingesetzt. Die Babelsberger Konferenz forderte insofern nicht so sehr den Bruch mit Überkommenen oder die Überprüfung bisher erarbeiteter eigener Vorstellungen, um den Erfordernissen der sozialistischen Gesellschaft konsequent gerecht zu werden, sondern forderte vielmehr zur konzeptionellen Bewältigung der rechtlichen Regelung dieses wichtigen Bereichs gesellschaftlicher Beziehungen heraus. Von der Babelsberger Konferenz ging aber möglicherweise auch ein etwas überzogener Anspruch an die Möglichkeiten des Rechts bei der Gestaltung der gesellschaftlichen Verhältnisse auf die sich entwickelnde Konzeption des Rechts der Internationalen Wirtschaftsbeziehungen, des Internationalen Wirtschaftsrechts über. Weitere wichtige Faktoren, die auf die inhaltliche Ausgestaltung dieser Konzeption einwirkten, waren der Artikel von N. S. Chruschtschow „Wesentliche Fragen der Entwicklung des sozialistischen Weltsystems“ von 1962[2]. Darin wurde die Aufgabe gestellt, „allmählich die Schaffung eines solchen einheitlichen Wirtschaftsorganismus im Rahmen des gesamten Systems zu fördern, wovon Wladimir Iljitsch Lenin in solch genialer Voraussicht gesprochen hat“[3]. Damit spielte Chruschtschow auf nichts weniger an als auf die „Schaffung einer einheitlichen, nach einem gemeinsamen Plan vom Proletariat aller Nationen zu regelnden Weltwirtschaft als Ganzes“[4].

In den 50er Jahren wurde der EWG-Vertrag erarbeitet und ab 1. 1. 1958 in Kraft gesetzt. Er sah im Interesse der Monopole eine Reihe effektiv scheinender Lösungen vor, die die Befürchtung erweckten, daß die Effektivität der RGW-Arbeit dahinter zurückbleiben könnte. Das zwang zum Nachdenken darüber, wie mit anderer Zielsetzung, mit anderen Inhalten und Methoden ähnlich effektive Lösungen für den RGW gefunden werden könnten. Schließlich soll erwähnt werden, daß die Organisierung der Zusammenarbeit im RGW und damit auch die Schaffung neuer Rechtsformen in den 50er und 60er Jahren außerordentlich schnelle Fortschritte machten. Die Allgemeinen Lieferbedingungen des RGW 1958 wurden in der unglaublich kurzen Zeit von etwa 5 Wochen erarbeitet. Wenig später folgten Montage- und Kundendienstbedingungen. Aber auch in den nichtvertragsrechtlichen Bereichen erfolgte eine außerordentlich rasche Entwicklung. Sie fand ihren Höhepunkt im Komplexprogramm von 1971[5]. In diesem Dokument sah die Wissenschaft vom RIW/IWR der DDR bzw. speziell vom Sozialistischen Internationalen Wirtschaftsrecht (IWR) – wie ich meine zu Recht – eine Bestätigung ihres bisherigen konzeptionellen, inhaltlichen und methodischen Herangehens und eine Ermutigung für die weitere Arbeit. Damit will ich nicht behaupten, daß unser konzeptionelles Herangehen an die juristischen Probleme, die das Komplexprogramm stellte, das einzig mögliche und einzig wissenschaftliche vertretbare ist, aber es war jedenfalls ein mögliches und, wie ich meine, auch fruchtbares.

Bei der Auswertung des Komplexprogramms auf juristischem Gebiet wurden neben vielen richtigen auch falsche Schlußfolgerungen gezogen. Sie trugen den realen Verhältnissen im RGW nicht Rechnung. Ein Schwerpunkt war dabei die Souveränität der RGW-Staaten in ihrem Verhältnis zueinander. Das Rechtsinstitut der Souveränität ist Ausdruck eigenständiger, vor allem politischer und ökonomischer, aber auch kultureller und anderer Interessen der Staaten. Eine Vernachlässigung der Souveränität bedeutet daher den Versuch, diese Interessen zu übergehen, der, wenn er auf die politische Ebene übernommen würde, notwendig sehr nachteilige Konsequenzen für die Integration zur Folge hätte.

Genosse Breshnew führte in seinem Rechenschaftsbericht auf dem XXVI. Parteitag der KPdSU aus, daß sich der Prozeß der Annäherung der sozialistischen Staaten weiterentwickelt. „Er löscht jedoch nicht die nationale Spezifik und die historischen Besonderheiten der Länder des Sozialismus aus“[6]. In diesem Zusammenhang wird auch von der Vielfalt der Organisation des gesellschaftlichen Lebens und der Organisation der Wirtschaft der sozialistischen Länder gesprochen. All das muß selbstverständlich – und das ist bei den auf dem Gebiet des sozialistischen IWR tätigen Wissenschaftlern der DDR anerkannt – auch seinen Niederschlag in den rechtlichen Formen der Tätigkeit des RGW finden.

Vor allem geht es um die Untersuchung der Konsequenzen, die aus den veränderten weltwirtschaftlichen und auch weltpolitischen Bedingungen in den 70er und nunmehr den 80er Jahren für die Rechtsentwicklung im RGW zu ziehen sind. Diese Veränderungen sind bekanntlich auf dem XXVI. Parteitag der KPdSU und auf dem X. Parteitag der SED einer tiefgehenden Analyse unterzogen worden. Das Komplexprogramm ist, wie der Generalsekretär des ZK der SED, Genosse E. Honecker, auf dem X. Parteitag ausführte, durch die 5 langfristigen Zielprogramme präzisiert und weiterentwickelt worden.[7]

Die Verschärfung der Rohstoff- und Energiesituation zwingt auch die RGW-Länder dazu, die nationalen Ressourcen maximal zur Lösung dieser Probleme zu mobilisieren. In diesem Rahmen gehört es, wenn E. Honecker mit Blick auf die Spezialisierung und Kooperation der Produktion ausführt, daß die Vorzüge dieser hochentwickelten Form der Zusammenarbeit gerade darin bestehen, daß „bei jeder einzelnen Maßnahme der gegenseitige Vorteil gesichert und ein hoher Nutzeffekt für die beteiligten Volkswirtschaften erreicht wird"[8]. Es wird also in Zukunft weniger um globale, d. h. unspezifizierte Kompromisse, sondern um die exakte Berechnung jeder einzelnen Maßnahme gehen, was durchkalkulierte Paketlösungen selbstverständlich einschließt. Da auch ein einheitlicher Weltmarkt besteht, werden diese Kalkulationen nicht losgelöst von der Preisentwicklung auf dem nichtsozialistischen Markt erfolgen.

Mit der Aufnahme außereuropäischer sozialistischer Länder in den RGW ist dessen materielle Basis breiter und differenzierter geworden. Gleichzeitig ist aber auch die ländermäßige Zusammensetzung vielgestaltiger geworden. Die zu berücksichtigenden Unterschiede der Leitungsstruktur und des ökonomischen Niveaus sind vielfältiger geworden, und die darauf beruhenden ökonomischen Interessen sind differenzierter.

Außerdem sind die grundlegenden und auch die relativ einfach zu bewältigenden Rechtsprobleme der sozialistischen ökonomischen Integration (SÖI) zu großen Teilen gelöst. Die offenen Probleme werden sowohl unter dem Aspekt der Interessenkoordinierung als auch unter dem der juristischen Methoden zu ihrer Bewältigung immer komplizierter. Es muß deshalb damit gerechnet werden, daß sich die weitere Rechtsentwicklung im RGW in den 80er Jahren jedenfalls nicht schneller vollziehen wird als in den 60er und auch noch in den 70er Jahren. Gleichzeitig werden die Probleme, die der RGW in den 80er Jahren zu bewältigen hat, neue juristische Lösungen fordern und in der einen oder anderen Frage vielleicht auch eine Modifizierung der bisher angewendeten. Das betrifft beispielsweise die gegenseitige Sicherung lebenswichtiger Bezüge auf der Grundlage des gegenseitigen Vorteils. Gerade auf diesem Gebiet zeigt sich, daß das Recht nicht höher sein kann als die ökonomischen Verhältnisse, die es regelt. Diese Erfahrung haben wir auch bereits bei der rechtlichen Regelung der Kooperation in Wissenschaft und Technik gemacht, die durch ungelöste ökonomische Probleme behindert wird. Wenn das Recht auch ein wichtiges Instrument zur Weiterentwicklung der SÖI ist, so müssen seine Vorschriften doch an die gegebenen tatsächlichen ökonomischen, politischen, ideologischen und anderen Voraussetzungen anknüpfen und können diese nicht ignorieren oder deren Entwicklungstendenz umkehren. Für die praktische Arbeit an der Rechtsentwicklung auf dem Gebiet der SÖI ergibt sich hieraus u. a. die Schlußfolgerung, solche Gebiete aufzuspüren, auf denen eine Weiterentwicklung jetzt möglich ist. Ein solches Gebiet ist das Vertragsrecht, und zwar speziell die Schaffung allgemeiner vertragsrechtlicher Regelungen. Bei der konkreten Lösung der Detailprobleme müssen wir von den Anforderungen, die die RGW-Arbeit jetzt stellt, ausgehen und uns dabei eventuell auch von theoretischen Postulaten trennen, die in Verallgemeinerung früherer tatsächlicher Beziehungen und Regelungen gewonnen wurden. Beispielsweise wird man bei der Schaffung einer allgemeinen vertragsrechtlichen Regelung zwingenden Normen sicher nicht den gleichen Raum zuweisen wie bei den Lieferbedingungen in ihren verschiedenen Fassungen. Ein anderes Beispiel ist die Entlastung bei staatlichen Planungs- und Leitungsakten.

Zusammenfassend möchte ich mich der hauptsächlichen Aussage in den Thesen zur Rechtszweigproblematik wie folgt anschließen:

1. Das grundsätzliche Herangehen der Rechtswissenschaft der DDR an die Probleme der sozialistischen ökonomischen Integration hat sich bewährt, indem es davon ausging, daß sich allmählich ein Rechtszweig IWR entwickelt, der als komplexer Rechtszweig Normen verschiedener Sphären in sich aufnimmt.

2. Dieses konzeptionelle Herangehen ist darauf abgestellt, die Verbindungsstücke zwischen den beiden Sphären rechtlicher Regelung in den Mittelpunkt zu rücken und die

einzelnen Bestandteile der rechtlichen Regelung der sozialistischen ökonomischen Integration als einheitliches Ganzes zu entwickeln. Diese Sicht war ein wesentlicher Grund dafür, daß die Rechtswissenschaft der DDR schöpferisch und erfolgreich an der Schaffung des Rechts der Integration mitwirken konnte.

3. Die Herausbildung des Rechtszweiges IWR vollzog sich allerdings langsamer als zunächst angenommen wurde, das Normenmaterial hat nach wie vor fragmentarischen Charakter und die Rechtszweigauffassung stellt insofern weiterhin ein heuristisches Denkmodell dar.

4. Die inhaltlichen Aussagen zum IWR bedürfen in einigen Punkten der Überprüfung und Diskussion, um sie den tatsächlichen Verhältnissen und Bedürfnissen der RGW-Rechtsentwicklung in den 80er Jahren anzupassen. Das Denkmodell IWR bietet dazu einen geeigneten Rahmen, der die weitere adäquate wissenschaftliche Erfassung dieser Materie stimuliert. Nachdem in den letzten Jahren die Aufmerksamkeit auf die Untersuchung konkreter Rechtsprobleme der sozialistischen ökonomischen Integration konzentriert wurde, muß nunmehr und darauf aufbauend, auch an der Überprüfung und Weiterentwicklung der theoretischen Grundlagen wieder verstärkt gearbeitet werden.

## Anmerkungen

1 M. Kemper, J. Kirsten, Methoden rechtlicher Regelung der imperialistischen Integration und des sozialistischen Wirtschaftsorganismus, Habilitationsschrift an der Hochschule für Ökonomie Berlin, 1965, 2. Band Zweiter Hauptteil (Methoden rechtlicher Regelung des einheitlichen Wirtschaftsorganismus).

2 Probleme des Friedens und des Sozialismus, 1962 Nr. 9, S. 729 ff.

3 Ebenda, S. 731.

4 W. I. Lenin, Werke Bd. 31, S. 135.

5 Komplexprogramm für die weitere Vertiefung und Vervollkommnung der Zusammenarbeit und Entwicklung der sozialistischen ökonomischen Integration der Mitgliedsländer des RGW vom 29. 7. 1971, dtsch. Text u. a. in L. Rüster (Hrsg.), Grunddokumente des RGW, Berlin 1978, S. 47 ff.

6 KPdSU XXVI. Parteitag, Rechenschaftsbericht des Zentralkomitees der KPdSU und die nächsten Aufgaben der Partei in der Innen- und Außenpolitik, Berichterstatter L. I. Breshnew, Berlin 1981, S. 15.

7 Bericht des ZK der SED an den X. Parteitag der SED, Berichterstatter E. Honecker, Berlin 1981, S. 84.

8 Ebenda.

Hans Spiller

# Sozialistisches Internationales Finanz- und Währungsrecht und sozialistische ökonomische Integration

Im Vordergrund des internationalen Interesses auf dem Geldsektor stehen gegenwärtig vor allem Währungsbeziehungen. Dennoch muß der theoretische Ausgangspunkt die Gesamtheit der sozialistischen Finanz- und Währungsbeziehungen erfassen. Der Begriff der sozialistischen Finanzen erstreckt sich auf alle im Rahmen der einheitlichen Finanzpolitik staatlich gelenkten Geldbeziehungen und Geldfonds. Im Rahmen der sozialistischen ökonomischen Integration (SÖI) werden die die materiellen Austauschbeziehungen begleitenden Geldbeziehungen international koordiniert und geplant. Die internationalen sozialistischen Finanzen umfassen damit unter Beachtung der durch die Internationalität gebotenen qualitativen Veränderungen das durch die souveränen Staaten koordinierte System der Wertbeziehungen in seinen differenziert wirkenden Teilen, die, bisher in ihren wichtigsten Anfangsstufen ausgeprägt, schrittweise vervollkommnet werden und immer effektiver zusammenwirken.

Zu den Hauptbestandteilen des rechtlich geregelten internationalen sozialistischen Finanz- und Währungssystems zählen:

- das internationale sozialistische Währungsrecht mit der kollektiven Währung der sozialistischen Staaten und ihren Wechselbeziehungen zu den nationalen Währungssystemen der Mitglieder;
- das internationale sozialistische Zahlungsverkehrsrecht, das mit dem Sofortbezahlungsverfahren (Sofortinkasso mit Nachakzept) eine unvergleichbar hohe Zirkulationsfähigkeit des Geldes in den internationalen kommerziellen Beziehungen verwirklicht und durch den Wegfall der wesentlichsten Sicherungsbedürfnisse Vorteile bewirkt. Neben den kommerziellen sind auch die nichtkommerziellen Beziehungen zwischen den sozialistischen Staaten Ausdruck vertraglich vereinbarter Äquivalenz und Funktionsfähigkeit, was angesichts der unterschiedlichen Preisgestaltung in den beteiligten Mitgliedstaaten von erheblicher Bedeutung ist;
- das Finanzrecht der zwischenstaatlichen Organisationen der Mitgliedstaaten und das Regime der Finanzbeziehungen der internationalen Wirtschaftsorganisationen. Dabei unterliegen die letzteren durch ihre unmittelbare Verflechtung mit den nationalen Volkswirtschaften und dem Territorium des Sitzlandes vielfältigen Anpassungsbedürfnissen;
- das sozialistische internationale Kreditrecht. Es ermöglicht multilaterale und bilaterale Kreditbeziehungen, die sowohl kurz- und mittelfristig als auch im Investitionsbereich als langfristige Kreditgewährungen mobilisierend auf die Erweiterung der Produktionsbasis der sozialistischen Gemeinschaft und stabilisierend auf die nationalen Zahlungsbilanzen einwirken;
- das sozialistische internationale Steuerrecht. Es koordiniert die Steuerrechtsinteressen der Mitgliedstaaten und ermöglicht auf der Grundlage der im Weltmaßstab ersten multilateralen Abkommen zur Vermeidung der Doppelbesteuerung auf Einkommen und Vermögen eine äquivalente Verteilung der Steuerquellen der Mitgliedstaaten

unter Vermeidung einer Mehrfachbelastung wirtschaftlicher, kultureller, wissenschaftlicher und anderer Aktivitäten in der internationalen Ebene;
- das sozialistische internationale Versicherungsrecht. Es ist durch die enge wechselseitige Zusammenarbeit der nationalen Versicherungsanstalten der Mitgliedstaaten des RGW gekennzeichnet, die vorbeugende Schadensverhütung und operativen Schadensausgleich in den Warenaustausch-, Leistungs- und Kooperationsbeziehungen sowie bei Transport- und Verkehrsaktivitäten ermöglicht, jedoch ein Teilgebiet darstellt, in dem die Formen der Zusammenarbeit noch nicht durch völkerrechtliche Vereinbarungen getragen werden.

Die vorstehend skizzierten Hauptkategorien sind zweifellos weiter differenzierungsfähig und unterliegen spezifischen Modifikationen bei der im Komplexprogramm vorgesehenen Ausdehnung der internationalen Finanz- und Währungsaktivitäten der sozialistischen Staatengemeinschaft auf Drittstaaten und weitere internationale Organisationen.

Die in den völkerrechtlichen Regelungen zwischen den Mitgliedstaaten enthaltenen Grundsätze der souveränen Gleichheit, des gegenseitigen Vorteils und der kameradschaftlichen Zusammenarbeit, der währungsmäßigen Äquivalenz bei gesicherter Wertigkeit im kommerziellen und nichtkommerziellen Bereich (unter Negierung des im NSW-Bereich noch wirksamen Prinzips des Nominalismus), die stimulierende Wirksamkeit des Einsatzes der kollektiven sozialistischen Währung bei hoher Disziplin der Mitgliedstaaten sind Ausdruck von Prinzipien, die unzweifelhaft auch bei der Formierung einer internationalen demokratischen Wirtschaftsordnung im Sinne der UNO-Resolution und des Aktionsprogramms zur Schaffung einer neuen internationalen Wirtschaftsordnung wesentliche Impulse und Erfahrungswerte vermitteln können.

Der transferable Rubel als kollektive, gemeinsam errichtete und auf gemeinsamen Beschluß emittierte Währung hebt sich insbesondere deshalb aus allen anderen im Weltmaßstab unternommenen Versuchen zur Schaffung internationaler Währungssysteme heraus, weil Dispositionen über diese kollektive Währung ausschließlich gemeinsam unter Anwendung des Einstimmigkeitsprinzips getroffen werden und damit die souveränen Interessen der Mitgliedstaaten stets voll gewahrt werden können.

In der Gegenwart ist die Stabilität einer Währung von besonders hoher Bedeutung. Das zeigt sich im Negativen am Zusammenbruch des Bretton-Woods-Systems und an den permanenten Währungskrisen in den meisten kapitalistischen Staaten.

Der transferable Rubel wird rechtlich emittiert durch Gutschriften für erbrachte Exportwarenlieferungen und -leistungen oder durch Gewährung von kurz- und mittelfristigen Krediten. Durch die rechtsverbindliche Festlegung der materiellen Entwicklung mittels Plankoordinierung im RGW und langfristiger, bilateraler Handelsabkommen und Jahresprotokolle wird die prinzipielle wertmäßige Übereinstimmung der gegenseitigen Waren- und Dienstleistungsbewegungen im Verbund der Mitgliedsländer gesichert. Damit ist auch eine ungedeckte Emission von transferablen Rubeln objektiv ausschließbar, wodurch die Polarisierung zwischen Gesamtgebrauchswertvolumen und Wertvolumen und die Entstellung dieses Verhältnisses vermeidbar werde.

Die ständig steigenden Umsätze in der kollektiven Währung der sozialistischen Staaten belegen deren Funktionsfähigkeit und Effektivität. Während 1964 insgesamt 22,9 Milliarden wechselseitig in der kollektiven Währung der sozialistischen Staaten verrechnet wurden, waren es im Jahre 1980 bereits 122,9 Milliarden, d. h. mehr als das Fünffache.[1]

Natürlich bedarf die kollektive Währung der sozialistischen Staaten zur Erhöhung ihrer Wirksamkeit der weiteren Vervollkommnung. Schon im Abschnitt 7 des Komplexprogramms ist auf solche Aufgaben und deren Voraussetzungen hingewiesen worden, z. B. im Hinblick auf die Einführung der Konvertierbarkeit der kollektiven Währung in die nationalen Währungen der Mitgliedsländer. Die gegenwärtigen Außenwirtschaftsbeziehungen zum NSW und die kapitalistischen permanenten Währungskrisen erschweren die schrittweise Realisierung dieser Zielvorstellungen ebenso wie die Situation des Auseinanderklaffens von Rohstoffpreisen und Industrieproduktionspreisen, die u. a. die Bewertung investierter Ware beeinflußt, auf gewährte Kredite einwirkt und eine Reihe weiterer nachteiliger Auswirkungen zeitigt.

Insgesamt hat sich jedoch trotz dieser Belastungen das sozialistische internationale Währungssystem als weitaus stabiler und funktionsfähiger erwiesen als alle kapitalistischen internationalen Währungszusammenschlüsse.

Zur Wahrung der Stabilität der kollektiven Währung der sozialistischen Staaten kann gegenwärtig auch keine Hinwendung zu einer universalen Konvertierbarkeit stattfinden, eine Forderung, die zuweilen im NSW erhoben wird. Eine solche universale Öffnung würde die Gefahr der Entstellung unserer geplanten und mit der materiellen Entwicklung abgestimmten internationalen sozialistischen Geldzirkulation durch unkontrollierte Geldströme aus dem NSW beinhalten und die Planbarkeit unserer weiteren Entwicklung beeinträchtigen.

Dagegen sind partielle Überlegungen tragfähig, dem transferablen Rubel in limitierten Bereichen und mittels Sonderkonten spezifische Eignungen in bezug auf dritte Länder zu verleihen, die vor allem bestimmten Interessenten im NSW-Bereich, insbesondere Entwicklungsländern, eine Teilnahme am System des transferablen Rubel ermöglichen würden, ohne die Kontrollfähigkeit der Geldzirkulation innerhalb der sozialistischen Staatengemeinschaft aufzuheben. So wie sich die sozialistischen internationalen Währungsbeziehungen zu einem neuen Typ internationaler Beziehungen mit einer neuen Qualität dieser Materie entwickelt haben, bedarf auch die rechtliche Regelung einer solchen neuen Qualität. Geht man vom Erfordernis eines sich verfestigenden und relativ selbständigen Rechtsgebiets Sozialistisches Internationales Finanz- und Währungsrecht aus, so ist sein Platz im System des internationalen Rechts und im Verhältnis zum sozialistischen internationalen Wirtschaftsrecht zu bestimmen. In der vertikalen Struktur der Rechtszweige bildet für das internationale Recht das Völkerrecht eine der wesentlichen Quellen, deren Normen auch für die Finanz- und Währungsbeziehungen von entscheidender Bedeutung sind. Auf seiner Grundlage können sich internationale Fachrechtszweige entsprechend der Struktur der zunehmenden internationalen Beziehungen bilden, von denen gegenwärtig das sozialistische internationale Wirtschaftsrecht auf Grund der Bedeutung der zugrundeliegenden Beziehungen und der Spezifik seiner Methode den Vorrang hat. Ihm entspricht auf der Wertseite das internationale sozialistische Finanz- und Währungsrecht, das einerseits alle Wertformen der ökonomischen Austauschbeziehungen zwischen den Mitgliedstaaten der sozialistischen Staatengemeinschaft umfaßt, andererseits in seiner Anwendungsbreite über ökonomische Austauschbeziehungen hinausgeht, da es auch die Wertseite der sich vervollkommenden kulturellen, sozialen, gesundheitspolitischen, touristischen und Verteidigungsbeziehungen zu erfassen hat. Zu den zwischen den Wissenschaftlern der sozialistischen Staaten diskutierten Varianten eines Rechtszweiges Internationales Finanz- und Währungsrecht – Teil des Völkerrechts, komplexer Rechtszweig, autonomer oder fundamentaler Rechtszweig[2] – hat sich eine Reihe der Diskussionspartner für die Annahme eines komplexen Rechtszweiges ausgesprochen[3]. Sie folgen damit den Intentionen der Unterscheidung zwischen autonomen oder Hauptrechtszweigen und komplexen Rechtszweigen[4]. Bei näherer Untersuchung stellt sich allerdings heraus, daß die Differenzierung zwischen autonomen und komplexen Rechtszweigen oder, wie S. S. Alekseev neuerdings formuliert[5], zwischen fundamentalen und komplexen Rechtszweigen sich reduziert auf einen immer geringer werdenden Bestand an Unterschiedlichkeit, da alle Rechtszweige methodische und inhaltliche Elemente aufweisen, die nicht anders als „komplex" charakterisiert werden können, so daß der erwähnte Unterschied wohl mehr als Quantitativum – aber nicht als Qualitativum zu werten ist. Zu beachten ist bei der Beurteilung der Rechtszweigfrage auch, daß bei allen rechtswissenschaftlichen Diskussionen über Klassifizierungskriterien dieser speziellen Wissenschaft eine ungenügende Zurückführung der Klassifizierungskriterien auf die Prinzipien der Klassifizierung der Wissenschaften im allgemeinen (der Naturwissenschaften, der technischen Wissenschaften, der Philosophie, der Soziologie, der Ökonomie usw.) erfolgt und die fortschreitenden Differenzierungen der Regelungs- und Arbeitsmethoden wie auch der Gegenstände nur mit Verzögerungen berücksichtigt und anerkannt werden, was in nicht wenigen Fällen die Elastizität der Systematisierung und damit die Funktionsfähigkeit des Rechts im allgemeinen vermindert. Auch der Umstand, daß die Kompliziertheit der Struktur der Wissenschaften nur durch eine Vielheit von Klassifikationsprinzipien erfaßbar wird und das Wissenschaftssystem ein mehrdimensionales Gewebe darstellt, hat noch zu wenig Berücksichtigung in den Diskussionen gefunden[6]. In den Grundauffassungen stimmen die Finanzrechtswissenschaftler der sozialistischen Staaten überein, daß das Recht der internationalen Finanz- und Währungsbeziehungen durch eine wachsende Bedeutung charakterisiert wird, die tragenden Prinzipien, wie die der Gleichberechtigung der souveränen Staaten, der gegenseitig vorteilhaften und äquivalenten Zusammenarbeit mit den spezifischen für Wertbeziehungen typischen Regelungsmethoden übereinstimmen und eine relative Verselbständigung des internationalen Finanz- und Währungsrechts bedingen[7].

Dieser relative Verselbständigungsprozeß hat auch zu weitgehenden Annäherungen in der Lehr- und Erziehungstätigkeit und damit zur Herausbildung eines entsprechenden Lehrgebietes in einer Reihe sozialistischer Länder geführt.

Das Verhältnis des sozialistischen internationalen Finanz- und Währungsrechts zum sozialistischen internationalen Wirtschaftsrecht wird von der wechselseitigen Korrespondenz der Gegenstände bestimmt. Während das sozialistische internationale Wirtschaftsrecht im Schwerpunkt der Regelung der materiellen Austauschbeziehungen dient, wird die relative Selbständigkeit der Finanz- und Währungsbeziehungen genutzt, um die zugrundeliegenden Wertbeziehungen mittels Verteilungs-, Stimulierungs- und Kontrollfunktionen aktiv für die Förderung der materiellen Entwicklungsprozesse zu nutzen. Daraus folgt einerseits das Primat der materiellen Entwicklung, andererseits die Verpflichtung, die spezifischen Methoden der Finanz- und Währungsbeziehungen und ihre Einflußfaktoren für die Optimierung der materiellen Entwicklung spezifisch zu nutzen. Innerstaatlich findet das seinen Ausdruck in der getrennten Behandlung und rechtlichen Fixierung der Volkswirtschaftspläne einerseits und der Haushalts- und Kreditpläne andererseits. Im Hinblick auf die Lenkung der Außenbeziehungen nutzt die sozialistische Staatsmacht das Außenhandelsmonopol, während zur Lenkung der Wertbeziehungen das staatliche Valutamonopol eingesetzt wird. In Übereinstimmung mit bereits früher vertretenen Auffassungen[8] erhärtet sich gegenwärtig die allgemeine Auffassung, daß es sich bei beiden Monopolen um miteinander korrespondierende und aufs engste Zusammenarbeit orientierte Leitungsmetoden handelt, jedoch „das Valutamonopol ein selbständiges Element . . . eines weiter gefaßten Rechtsinstituts . . . und die Vervollkommnung der Rechtsformen Valutamonopol eine der notwendigen Voraussetzungen für die weitere Entwicklung der rechtlichen Regelung des gesamten Gebietes der Valuta- und Finanzbeziehungen der sozialistischen Länder ist"[9]. Damit wird deutlich, daß neben den relativ selbständigen Finanz- und Währungsinstrumenten und Finanz- und Währungsbeziehungen in der völkerrechtlichen Ebene auch die relativ innerstaatlichen Leitungsinstrumente der auf internationale Wirkungen gerichteten Institutionen – wie hier das Valutamonopol – in den Regelungskreis einbezogen werden müssen, um die Rechtswirklichkeit voll erfassen zu können.

## Anmerkungen

1 A. Konstandinow, Der transferable Rubel im System der internationalen Wirtschaftsbeziehungen, in: Außenhandel der UdSSR, 1981/6, S. 45.

2 Nachweisungen vgl. H. Spiller, Zum sozialistischen internationalen Finanz- und Währungsrecht, in: Aktuelle Fragen des sozialistischen Finanz- und Währungsrechts, Aktuelles Symposium sozialistischer Finanzrechtler, Visegrad 1973 (hrsg. von der Eötrös Lorand Universität Budapest 1975) Band II, S. 395 ff.

3 Vgl. auch N. Watschew, Grundfragen des internationalen Finanzrechts, Pravna Misyl 1971/2, S. 69 ff. und T. Nagy, Das Finanzrecht der sozialistischen ökonomischen Integration, in: Annales Universitatis Scientiarum Budapestinensis, Sectio Juridica 1975, S. 104 ff.

4 Vgl. S. S. Alekseev, Über die Rechtszweige, in: Sowjetstaat und Recht, 1972/3, S. 10 ff.

5 S. S. Alekseev, Die sowjetischen Rechtszweige, in: Sowjetstaat und Recht, 1979/9, S. 15 ff.

6 H. Spiller, Aufgaben und Status des internationalen Finanz- und Währungsrechts, Staat und Recht, 1969/4, S. 537 ff.

7 Vgl. dazu die Diskussion einer Reihe sozialistischer Fachexperten der Mitgliedstaaten des RGW unter dem Titel: Probleme des internationalen Finanzrechts, in: Sowjetstaat und Recht 1967/1.

8 H. Spiller, Valutamonopol und internationale Finanzbeziehungen, Berlin 1963, S. 31 ff.

9 U. Usenko, Rechtsprobleme der Valuta- und Finanzbeziehungen der RGW-Mitgliedsländer, Wirtschaft und Recht, Moskau 1980/5, S. 72 ff.

Hans Bär

# Anforderungen an die rechtliche Regelung in der internationalen Planungszusammenarbeit

In der Direktive des X. Parteitages der SED zum künftigen Fünfjahrplan wird eine „weitere Qualifizierung der langfristigen konzeptionellen Arbeit zur Vorbereitung von Entscheidungen zur volkswirtschaftlich begründeten Produktionsstruktur, zur Proportionalität zwischen den vor- und nachgelagerten Produktionsstufen, zu den Hauptlinien von Wissenschaft und Technik mit großer Breitenwirkung und zur langfristig angelegten Intensivierung der Produktion durch umfassende Rationalisierung" vorgesehen. Genannt werden dabei speziell auch „Entwicklungskonzeptionen und -programme für ausgewählte volkswirtschaftliche Komplexe".[1] Damit wird der in den letzten Jahren für die Entwicklung der Volkswirtschaft der RGW-Länder und für die Beziehungen zwischen ihnen immer deutlicher werdenden Anforderung entsprochen, stabile, langfristige ökonomische Entscheidungen für Schwerpunktkomplexe von großer Tragweite zu treffen. Die in der Erarbeitung und Annahme der langfristigen Zielprogramme der Zusammenarbeit (LZPZ) am deutlichsten zum Ausdruck kommende Hinwendung zur langfristigen komplexen Planung korrespondiert mit entsprechenden einzelstaatlichen Planungsaktivitäten.

Mit einer langfristigen Planung dieser Art ist das Recht in zweifacher Weise auf den Plan gerufen: es hat das rationelle Zusammenwirken aller daran beteiligten Organe und Organisationen zu organisieren – ein Aspekt, auf den wir hier nicht eingehen wollen – und es hat zur Stabilität der in diesem Prozeß gefällten Entscheidungen beizutragen, was ihre Veränderung zu bestimmten Bedingungen nicht aus- sondern einschließt.

Im Unterschied zur innerstaatlichen Problematik, die ebenfalls eine Reihe komplizierter Fragen aufwirft, wie auf der Konferenz der Staats- und Rechtswissenschaft der DDR 1980 zu sehen war,[2] kann im internationalen Bereich eine der Planentscheidung gleichzusetzende Festlegung nur durch internationale Vereinbarung zwischen den Staaten zustandekommen. Sie ist damit – andere notwendige Bedingungen vorausgesetzt – Rechtsetzung, wenn auch in Anwendung der zwischen den Staaten bestehenden allgemeinen Normen der Zusammenarbeit, u. a. auch der bestehenden Pflicht zur Koordinierung der Pläne, zu Planungszusammenarbeit überhaupt.

Berücksichtigt man den Inhalt der Festlegungen und ihre Wirkung auf die einzelstaatliche Planung, kann jedes Liefer- und Leistungsabkommen mit einer gewissen Berechtigung als Planvereinbarung betrachtet werden, man denke z. B. an die Kontingente in den langfristigen Handelsabkommen und die sie konkretisierenden Jahresprotokolle. Während früher dieser Austausch aus einer vorhandenen Ressourcenstruktur (natürliche, industrielle, Arbeitskräfte) folgte und ihr entsprechend international verabredet wurde, geht es in den letzten Jahren und in Zukunft immer stärker um die progressive Veränderung dieser Strukturen und den ihnen folgenden Austauschbeziehungen, und zwar, und das ist für uns das Entscheidende; um eine international in verschiedenen Formen verabredete, aufeinander abgestimmte Veränderung. Damit gewinnen die Spezialisierungs- und Kooperationsvereinbarungen sowie alle strategischen, die

Struktur der Volkswirtschaften und ihrer Zweige berührenden Abreden ein entscheidendes Gewicht.

Stehen diese „Abreden“, wie wir sie vorsichtig erst einmal nennen wollen, dem Austausch von Erzeugnissen nahe (z. B. die Spezialisierungs- und Kooperationsabkommen) sind sie der rechtlichen Gestaltung aus zwei Gründen leicht zu erschließen: Der Inhalt der Verpflichtung ist klar zu erfassen und die Zeitdauer ist auch überschaubar. An ihrem Charakter als Abkommen besteht kein Zweifel, die Partner gestalten sie auch ausdrücklich als Recht. Je früher sie dem Austausch vorangehen, desto schwieriger wird es in bezug auf die beiden genannten Punkte: der Inhalt der Verpflichtung bezieht sich auf Grundsatzfragen ökonomisch-technischer Art, auf Entwicklungsstrategien usw. Diese Abreden gleichen häufig mehr gemeinsamen Konzeptionen, ja eventuell sogar gemeinsamen Überlegungen. Sie sind der Anfangspunkt einer längeren Kette von Absprachen, deren Anfang klar, deren Ende aber durchaus noch nicht immer deutlich ist.

Auch was den Zeithorizont betrifft, unterliegen sie stärker der Gefahr der Veränderlichkeit; ja unter Umständen sogar der Vergänglichkeit. Dementsprechend ist ihr Rechtscharakter nicht immer eindeutig, auch die Partner legen sich in dieser Hinsicht nicht oder nicht eindeutig fest. Selbst eine Einstufung in eine bestimmte Kategorie von Vereinbarungen wie die der LZPZ in die Empfehlungen des RGW hilft wenig.

Sicher ist in dieser Hinsicht auf den ersten Blick nur eins: Bei aller Vagheit der Verpflichtung, bei allem Risiko von Veränderungen im Zeitablauf – die RGW-Staaten müssen in einem bestimmten Maße langfristige wirtschaftliche Programme und Strategien untereinander abstimmen und verabreden, weil sonst ihre harmonische Vorwärtsentwicklung für die Aufgaben der 90er Jahre unmöglich ist.

Bevor wir versuchen, dem Rechtscharakter dieser Abreden näher zu kommen, wollen wir uns einem schon klassisch zu nennenden Muster einer Planabrede zuwenden: dem bilateralen Protokoll über die Ergebnisse der Koordinierung der Fünfjahrpläne.

Unter den damit befaßten Juristen besteht weitgehend Einigkeit über die Einschätzung dieses Dokuments als eines pactum de contrahendo hinsichtlich seiner Wirkung auf die nachfolgenden Abkommen, vor allem des Handelsabkommens, d. h. mit dem Plankoordinierungsprotokoll werden künftige Abkommen und deren Grundinhalt fixiert. In bezug auf den Außenhandel sind die Festlegungen ziemlich umfassend, ohne ernsthafte Verhandlungen über dieses Abkommen überflüssig werden zu lassen. Während z. B. die Lieferung von Halbfabrikaten wie Walzstahl dem Gesamtumfang nach durch das Protokoll schon ziemlich genau bestimmt wird, kann sich das neben der endgültigen Fixierung der Menge vor allem auf Sortimentsaufgliederungen beziehen.

Neben dieser die Abkommensfolge betreffenden Verpflichtung kann man als rechtlich abgesichert die Verpflichtung betrachten, die Ergebnisse der Koordinierung bei der Ausarbeitung der Fünfjahrpläne zu berücksichtigen. Nach Ziff. 19 Komplexprogramm wird ... „bei der Ausarbeitung dieser Entwürfe (der Fünfjahrpläne) ... die Übereinkunft berücksichtigt, die im Verlaufe der Plankoordinierung erzielt wurde.“ Diese Verpflichtung wird durch das Statut der Plankommission der DDR ausdrücklich auf dieses Organ personalisiert – „Sie gewährleistet, daß die Planentwürfe für die Entwicklung der Volkswirtschaft der DDR mit der UdSSR und den anderen Mitgliedsländern des RGW koordiniert und abgestimmt sind.“[3] Aber auch andere Bestimmungen über die Planung sehen entsprechende Handlungen weiterer Organe vor. Die Verpflichtung zur Berücksichtigung der Koordinierungsergebnisse im eigenen Plan ist das Rückgrad der gesamten Plankoordinierung. Die Partner müssen darauf vertrauen können, daß die von ihnen getroffenen Übereinkünfte im Plan ihren Niederschlag finden, damit vom Volkswirtschaftsplan der Länder her die gesamten Voraussetzungen für die künftigen grenzüberschreitenden Leistungen rechtzeitig geschaffen werden. Obwohl die Zeit vom Abschluß der Plankoordinierungsübereinkunft bis zur Verabschiedung des Fünfjahrplanes durch das oberste Machtorgan verhältnismäßig kurz ist, tritt hier bereits das Problem auf, daß einer der Partner zu Ergebnissen in seiner Planungstätigkeit gelangt, die die ursprünglichen Vorstellungen verändern, zu denen das Plankoordinierungsprotokoll unterzeichnet wurde.

Während solche Veränderungen in bezug auf die unmittelbaren Austauschrelationen bei den Handelsabkommensverhandlungen deutlich gemacht werden können, fehlt ein solcher Mechanismus für die Plankoordinierungsergebnisse insgesamt.

Soweit es die Austauschbeziehungen betrifft, haftet den Plankoordinierungsergebnissen ausdrücklich und von den Partnern so gewollt etwas Vorläufiges an. Eine Ausnahme davon bilden wenige Positionen, bei denen die Partner ihre Unveränderbarkeit deutlich machen. So bei der DDR – UdSSR z. B. der Erdölimport.

Das gilt grundsätzlich auch für die Plankoordinierungsergebnisse insgesamt, aber doch wohl mit der Bedingung, daß ihre Verarbeitung in der volkswirtschaftlichen Planung in der durch die Vereinbarung gewiesenen Richtung erfolgen muß und ernste Abweichungen dem Partner signalisiert werden müßten.

Das Plankoordinierungsprotokoll kann als rechtliche Vereinbarung gelten, weil die einschlägigen Bestimmungen wie das Komplexprogramm und das noch nicht genannte Programm für die Durchführung der Arbeiten zur Koordinierung der Pläne und die Staatenpraxis selbst den Schluß zulassen, daß die von uns genannten Verpflichtungen als Rechtspflichten vorliegen. Die Staaten gehen solche ein in bezug auf nachfolgende Abkommen und in bezug auf die eigene Planung. Damit sind die wichtigsten Charakteristika für Planabreden, wie wir sie nannten, gegeben.

Nicht zu übersehen ist allerdings, daß bis heute von den Staaten eine Rechtsfolge für die Nicht- oder nichtgehörige Erfüllung solcher Plankoordinierungsprotokolle nicht vorgesehen wurde. Sie teilen damit allerdings das Schicksal anderer völkerrechtlicher Abkommen, für die entsprechende Folgen aus der geübten Praxis der Staaten abgelesen werden müssen.

Allerdings läßt die Bezeichnung „Ausgangsdokument für den Abschluß von Handels- und anderen Abkommen" im Bericht der Rechtsberatung eher einen restriktiven Schluß in bezug auf den Rechtscharakter dieses Protokolls zu. Wir weichen deshalb nicht von unserer oben geschilderten Position ab. Es ist aber für den gegenwärtigen Stand der Zusammenarbeit charakteristisch, daß die Planvereinbarungen formell rechtlich nicht näher gefaßt werden. Die wichtigste Grundregel für die Erfüllung von Vereinbarungen im Völkerrecht, nach der ein Staat nur auf Erfüllung rechnen kann, wenn er selbst an die Vereinbarung hält, trifft voll auf die Planvereinbarungen zu. Sie ist naturgemäß nicht so meßbar (und nachweisbar) wie bei Abkommen, die schon unmittelbare und einzelne konkrete Leistungen enthalten, deshalb aber doch existent.

Mit der Annahme der LZPZ wurde ein neues Stadium in der Anwendung von Vereinbarungen zur Planung erreicht. Mit ihrer Charakteristik als Empfehlungen des RGW durch die Rechtsberatung scheint die Frage nach ihrem Rechtscharakter beantwortet zu sein. Diese generelle Einschätzung erfordert aber die Analyse der jeweiligen Festlegungen in den LZPZ in bezug auf die ausreichende Bestimmtheit der entsprechenden Verpflichtung.

Auf der XXXII. Ratstagung erklärten die Delegationsleiter, daß die „zuständigen Organe der Länder die Realisierung der vorgesehenen Maßnahmen auf der Grundlage der konkreten Interessiertheit der Länder gewährleisten (werden). Zu diesem Zweck konzentrieren sie ihr Anstrengungen auf die Vorbereitung der Entwürfe bi- und multilateraler Abkommen zu konkreten Problemen, die für die Länder von großer volkswirtschaftlicher Bedeutung sind."[4] Die Verpflichtung zum Abschluß von Nachfolgeabkommen in Übereinstimmung mit dem Inhalt der LZPZ wird demgemäß durch die jeweils zu erreichende konkrete Interessiertheit der Länder modifiziert. Je nach dem Grad der Gestaltung der Probleme in den LZPZ kann ihr Verhältnis zu den nachfolgenden Abkommen das eines Verhandlungsversprechens sein (pactum de negotiando) oder das einer schon weitergehenden Vereinbarung des Grundinhalts eines folgenden Abkommens in bezug auf die ausführliche Darstellung des Gegenstands, hinsichtlich bestimmter ökonomischer und technischer Bedingungen bis hin zu Fristen für den Abkommensschluß (pactum de contrahendo). Gleichfalls verpflichten die LZPZ die beteiligten Staaten in ihrer Wirkung auf die einzelstaatliche Planung

- zur Ausrichtung von bestehenden und zur Neufassung von einzelstaatlichen Plankonzeptionen, langfristigen Plänen und Programmen in der von den LZPZ gewiesenen Richtungen und demgemäß
- zur konstruktiven Mitwirkung an der Ausarbeitung international abgestimmter Maßnahmen (weitere Teilziele und Realisierungsschritte) entsprechend der vereinbarten Grundrichtungen.

In die Überlegungen zur künftigen Ausgestaltung der internationalen ökonomischen Zusammenarbeit, wie z. B. die Abstimmung der Wirtschaftspolitik, sollte die Frage einbezogen werden, ob das Recht in stärkerem Maße als bisher ausdrücklich genutzt wird, um die bisher stark auf politischen und ökonomischen Zwängen ruhende Abstimmung von Grundfragen der wirtschaftlichen Zusammenarbeit zusätzlich zu stabilisieren.

Wird die Bindungskraft von grundsätzlichen Dokumenten in der Art der LZPZ ausdrücklich statuiert, wird auch international der im einzelstaatlichen Bereich schon weiter entwickelten Übung entsprochen, daß auf bestimmten wichtigen Schlüsselgebieten Grundsatzentscheidungen zu fällen und stabil zu halten sind, auch und gerade trotzdem noch nicht alle künftigen ökonomischen Folgen absehbar sind (Beispiel Mikroelektronik). Damit wird die Ausarbeitung und Annahme solcher Grundsatzdokumente eventuell längere Zeit in Anspruch nehmen, die Entschlossenheit für die Erfüllung der nachfolgenden Schritte aber wachsen.

Für die nicht auszuschließende Unterschiedlichkeit in der ökonomischen und rechtlichen Wirkung solcher Entscheidungen auf die einzelnen Staaten müßten von der Ökonomie und vom Recht her entsprechende Reaktionsmöglichkeiten geschaffen werden. Das wäre als positive Stimulierung eine mit der Grundsatzentscheidung zu treffende Regelung über den Einsatz zu schaffender Fonds für den Ausgleich nachteiliger Folgen und/oder die Regelung der „Ausstiegmöglichkeiten" unter qualifizierten Bedingungen.

Der Abkommensmechanismus, zu dem wir auch entsprechend ausgeprägte Entscheidungen von Internationalen Organisationen zählen, wird sich in Zukunft stärker dem Problem stellen müssen, daß bestimmte Fragen im Grundsatz zu vereinbaren sind, detaillierte Vereinbarungen dem nachfolgen. Vereinzelt anzutreffende Bestrebungen, alle Vereinbarungen zu vermeiden, bzw. jenseits des Rechts zu verweisen, solange nicht die Details überschaubar sind, bieten nur eine scheinbare Lösung. Der Versuch, Details über längere Zeit zu vereinbaren, stößt ebenfalls an der Veränderlichkeit der ökonomischen Bedingungen.

Spezielle Regelungen für die Anpassung von Vereinbarungen, für die Kündigung, die Schaffung von Ausgleichfonds, die Staatenverantwortlichkeit usw. sind Probleme, die näher untersucht werden müssen. Auf einzelnen Gebieten ist der Abkommens-Vereinbarungsmechanismus offensichtlich durch Formen der gemeinsamen operativen Leitung zu ergänzen, die sich z. B. in der Tätigkeit des Planungskomitees des RGW schon ankündigen.

## Anmerkungen

1 Neues Deutschland vom 18./19. April 1981, Direktive VII Ziff. 2, S. 8.
2 Vgl. Bericht in: Wirtschaftsrecht 2/1981, S. 107 ff.
3 Statut der SPK, Beschluß des Ministerrates der DDR vom 9. August 1973, GBl. I Nr. 41, § 2, Ziff. 4.
4 Neues Deutschland vom 30. Juni 1978.

Wolfgang Engelmann

# Rechtsprobleme höherer Effektivität der sozialistischen ökonomischen Integration

Ein Hauptziel der weiteren Vervollkommnung des rechtlichen Mechanismus der sozialistischen ökonomischen Integration (SÖI) muß zweifellos die Erhöhung der Effektivität der in der SÖI immer mehr in den Mittelpunkt rückenden unmittelbaren internationalen Produktionsbeziehungen sei.

Es geht mit anderen Worten um den Beitrag dieses Mechanismus für die Gewährleistung intensiver internationaler Kooperation in Produktion, Forschung, Entwicklung – und zwar nicht nur bezüglich der Produktionsdurchführung, dem internationalen Austausch der Produkte, sondern hinsichtlich der gesamten darauf bezogenen Planung und Leitung in den RGW-Ländern und zwischen ihnen.

Für die Erhöhung der Effektivität ist es wesentlich, daß die Beziehungen innerhalb der Volkswirtschaften der RGW-Länder, zwischen den RGW-Staaten, zwischen den betreffenden internationalen ökonomischen Organisationen (IÖO), zwischen den Kombinaten und Betrieben dieser Länder durch normativ geregelte wechselseitige Rechte und Pflichten, durch darauf beruhende komplexe Rechtsverhältnisse des Internationalen Wirtschaftsrechts (IWR) stimuliert werden. Wenn das gewährleistet wird, ist das IWR den hohen Anforderungen an die Regulierung seines Regelungsgegenstandes adäquat, die vom X. Parteitag der SED und von den Parteitagen der Bruderparteien formuliert wurden.

Die im Referat von Kemper auf dieser wissenschaftlichen Tagung des Rates betonte qualitative Gleichartigkeit der vom IWR, seinen Rechtsverhältnissen, geregelten Gesellschaftsverhältnisse ist wesentlich darin zu sehen, daß sie in ihrer Komplexität Verhältnisse der planmäßigen Leitung und Durchführung sozialistischer internationaler Wirtschaftstätigkeit sind.

Es ist klar, daß in dieser Hinsicht die „Untersetzung" der zwischenstaatlichen Beziehungen durch zwischenbetriebliche nicht in dem Sinne erfolgen kann, daß letzteren Beziehungen sekundäre Bedeutung beigemessen wird. Ebenso klar muß aber auch sein, daß einerseits nur international (zwischenstaatlich und zwischenbetrieblich) eine Vereinbarungssituation mit prinzipiell voll ausgeprägter Wechselseitigkeit von Pflichten und Rechten existiert, die letztlich aus der souveränen Kompetenz der RGW-Staaten herrührt und andererseits eine solche Situation im innerstaatlichen Wirtschaftsrecht nicht besteht.

Natürlich ist auch für das innerstaatliche Wirtschaftsrecht der RGW-Länder nicht eine Situation typisch, in der ein Rechtssubjekt in einer bestimmten Frage fast nur Pflichten und dessen Partner nur Rechte hat. Aber es kommt aus den hier nicht darzulegenden Gründen der rechtlichen Regulierung des einheitlichen Volkseigentums innerhalb der RGW-Staaten für das Wirtschaftsrecht vom Regelungsgegenstand her nicht die durch die Beteiligung mehrerer sozialistischer Volkswirtschaften unter souveräner Leitung ihrer Staaten bedingte typische Vereinbarungssituation in Betracht.

Dennoch wär es falsch, ausschließlich diese internationale Vereinbarungssituation als für das IWR typisch anzusehen. Ein solches Herangehen wäre den vom IWR geregelten komplexen Gesellschaftsverhältnissen nicht adäquat. In ihnen ist nämlich diese Vereinbarungssituation wegen der prinzipiellen Gleichartigkeit des sozialistischen Staats- und Wirtschaftsmechanismus unter Führung marxistisch-leninistischer Parteien (der doch nur innerhalb der Volkswirtschaften ausgeprägt ist), wegen der wesentlich dadurch staatlich-rechtlich regulierten SÖI durchdrungen von den innerstaatlichen rechtlichen Regelungen der Vorbereitung und Umsetzung dieser internationalen Vereinbarungen.

Eine solche konzeptionelle Aussage über diese komplexe Einheit des Regelungsgegenstandes des IWR unter den – wie dargelegt – durchgängig sozialistischen Verhältnissen ist in jeder Hinsicht mit dem sozialistischen Völkerrecht vereinbar. Daher können von einem solchen konzeptionellen und rechtspraktischen Herangehen kräftige Impulse für die weitere Qualifizierung auch des die SÖI regelnden Völkerrechts ausgehen. Diese Impulse müssen auch für das Völkerrecht insbesondere den genannten Aspekt der Erhöhung der Effektivität betreffen.

In der durch die letzten Parteitage der Bruderparteien eingeleitete Phase der intensiven Weiterentwicklung der SÖI, v. a. durch planmäßig geleitete intensive Produktionsintegration, müssen das sozialistische Völkerrecht und das IWR mit den ihnen eigenen Mitteln und Methoden tatsächlich die Erhöhung der Effektivität der SÖI regulieren. Die Realisierung solchermaßen effektiver Rechtsverhältnisse des Völkerrechts und des IWR wird eine wichtige Aufgabe der weiteren Forschung und Rechtsbildung sein. Schwerpunkt ist dabei die rechtliche Regelung der Beziehungen der Rechtssubjekte hinsichtlich der Erarbeitung und Gewährleistung tatsächlich intensivierungsfordernder und damit -fördernder Bewertungsmaßstäbe der auf die sozialistische internationale Wirtschaftstätigkeit durch Wirtschaftsorganisationen gerichteten Leitungs- und Planungstätigkeit. Die damit zusammenhängenden Rechtsprobleme sind keinesfalls kleiner als diejenigen, die Anfang der 50er Jahre bei der Gestaltung sozialistischer planmäßiger Außenhandelsbeziehungen existierten.

Ein wichtiges völkerrechtliches Instrumentarium, womit diesen hohen Anforderungen in hervorragender Weise entsprochen werden kann, ist der auf der 93. EKO-Tagung des RGW angenommene Regelungsmechanismus über die Preisbildung. Die darin enthaltenen Rechte und Pflichten bezüglich der Erarbeitung und Gewährleistung dieser für die Intensivierungsförderung gut geeigneten Bewertungsmaßstäbe sind nicht nur – wie es zunächst scheinen mag – völkerrechtlicher Natur, sondern wesentlich auch solche des IWR. Denn auch für diese Rechtsfragen der Preisbildung trifft die obige Aussage zu, daß die internationale Vereinbarung von der innerstaatlichen rechtlichen Regelung ihrer Vorbereitung und Umsetzung durchdrungen ist. In diesem Zusammenhang ein Wort zu den rechtlichen Regelungen der gebrauchswertmäßigen Bewertungsmaßstäbe: Die RGW-Staaten können im Rahmen ihrer Planungs- und Leitungskoordinierung nicht nur Gebrauchswertkennziffern vereinbaren und innerstaatlich festlegen, um zu sichern, daß auch der gebrauchswertbezogene Inhalt tatsächlich intensivierungsfördernder Leitungsentscheidungen bestimmt wird. Vielmehr muß zu diesem Zweck international und national die normative Festlegung auch progressiver gebrauchswertbezogener Kennziffern mit der Regelung wertmäßiger Kennziffern gekoppelt sein. Dabei ist unter Rechtsaspekten nicht etwa nur die normative Wirkung dieser beiden wichtigen Gruppen von Bewertungsmaßstäben von Interesse. Vielmehr interessieren diejenigen wechselseitigen Rechte und Pflichten, die die Beziehungen, die Leistungen der Rechtssubjekte in Hinblick auf die Erarbeitung und Gewährleistung hoher Bewertungsmaßstäbe regeln. Im Zusammenhang mit der auf dieser Tagung des Rates anstehenden Diskussion besteht dazu sicherlich zunächst einmal Übereinstimmung dahingehend, daß den eingangs dargelegten neuen Anforderungen eine Regelung inadäquat wäre, die im Planungsprozeß die gebrauchswertmäßigen Abstimmungen von den wertmäßigen isoliert und ersteren Dominanz einräumt und beim nachfolgenden Leistungsaustausch gebrauchswertbezogenen gegenseitigen Rechten und Pflichten (z. B. Leistungsverweigerungsrechten) weitgehend unabhängig von inzwischen eingetretenen wertmäßigen Veränderungen generell Vorrang gewährt.

Kemper hat in seinem Beitrag zutreffend auf die Notwendigkeit hingewiesen, daß die voraussichtlichen Preise des betreffenden Abkommensjahres schon bei der Plankoordinierung und der Bilanzierung der Handelsabkommen zugrunde gelegt werden müssen.

Wie bereits dargelegt, kann durch komplexe IWR-Verhältnisse der notwendige Effekt durchgängig gewährleistet werden. Im Zusammenhang mit dem angesprochenen Maßstab ist festzustellen, daß die konkrete Erarbeitung der „harten" Bewertungsmaßstäbe, wie sie in den Preisbildungsprinzipien der 70. und 93. EKO-Tagung angenommen wurden, in der internationalen Sphäre kaum Völkerrechtsprobleme aufgeworfen hat. Allerdings sind aus den verschiedensten, vor allem wirtschaftspolitischen Gründen bei der Festlegung der Preise für bestimmte Waren Fälle zu verzeichnen, wo Preisbildungsrechte nicht immer voll wahrgenommen werden. Eine wesentliche Ursache hierfür sehe ich unter Rechtsaspekten in der nicht bzw. nicht genügend durchgängigen Wirkung dieser internationalen Bewertungsmaßstäbe über die Gesamtzahlungsbilanzen der RGW-Staaten hinaus direkt auf die Wirtschaftsorganisationen in den betreffenden RGW-Ländern. Wie generell für das Wirtschaftsrecht der DDR und der anderen RGW-Mitgliedsländer, so steht auch für die rechtliche Regelung der Außenwirtschaftsbeziehungen dieser Länder die Frage, wie diese Beziehungen auch (natürlich nicht nur) mittels jener wertorientierten Mechanismen stärker und damit wirklich intensivierungsfördernd reguliert werden können, wie sie spürbarer von den genannten völkerrechtlichen wertorientierten Mechanismen abgeleitet und als Maßstäbe kollektiven Handelns der innerstaatlichen Wirtschaftsorganisationen wirken können. Bedeutend stärker als die Ergebnisse und Kosten der Wirtschaftseinheiten aus Ex- und Import (umgerechnet und aufgrund von Koeffizienten usw. innerstaatlich gefiltert) wirken im Export zur Zeit auf finanziellem Sektor Prämienzahlungen an einzelne Werktätige oder kleinere Gruppen unserer Exportbetriebe.

Geringe Wirkungen in Hinblick auf die Effektivitätserhöhung zeigen gegenwärtig auch die in der 4. DVO zum Vertragsgesetz (VG), (GBl. I v. 16. 5. 1973 Nr. 29, S. 277) geregelten finanziellen Sanktionen. Diese Verminderung der Wirksamkeit kann nicht vollständig durch die tatsächlich stark wirkenden gebrauchswertmäßigen Konsequenzen der 4. DVO zum VG abgefangen werden.

Angesichts dieser wesentlich im innerstaatlichen außenwirtschaftlichen Regelungsmechanismus begründeten Bedingungen kann es nicht verwundern, daß bestimmte IWR-Verhältnisse noch nicht ausreichend die erforderliche Erhöhung der Effektivtät sozialistischer internationaler Wirtschaftsbeziehungen stimulieren.

Angesprochen sind damit Fragen der (auch im internationalen Maßstab erforderlichen) vollkommeneren Beherrschung der Einheit von gebrauchswertmäßiger und wertmäßiger Planung und Leitung. Diese Fragen sind zwar nicht primär rechtlicher Natur. Es wäre jedoch erforderlich, interdisziplinär näher zu untersuchen, inwiefern die erwähnten innerstaatlichen Bedingungen die Wirkung beträchtlicher Teile des in Richtung auf Effektivitätszuwachs zu vervollkommnenden internationalen Regelungsmechanismus der SÖI beeinflussen. Eine solche Problematik stellt z. B. die relativ schwache

Wirkung des Systems der für sozialistische internationale ökonomische Organisationen (IÖO) vereinbarten Kompetenznormen für die (durch Arbeitspläne der Arbeitsorgane detaillierter regulierten) internationalen Koordinierungsprozesse im Rahmen dieser Organisationen dar. Besonders deutlich wird das in dem Falle, wenn in den Arbeitsplänen festgelegte Aufgaben nicht wahrgenommen bzw. dort vorgesehene Termine nicht eingehalten werden. Eine wirksamere innerstaatliche Stimulierung der in diesen Arbeitsorganen meist vertretenen Kombinate im oben genannten Sinne würde erreichen, daß sie stärker ihre Rechte und Pflichten aus den Arbeitsplänen in Ausfüllung dieser internationalen Kompetenznormen wahrnehmen, und zwar bilateral und multilateral.

Die Erhöhung der Effektivität dieser Normen ist durch eine weitere Vervollkommnung international vereinbarter Regelungen – etwa der Fälle nicht- bzw. nichttermingemäß realisierter Aufgaben der Arbeitspläne dieser Arbeitsorgane – nur möglich, wenn gleichzeitig durch Wirtschaftspolitik und Wirtschaftsrecht die dargelegte Intensivierungsförderung in den RGW-Migliedsländern stimuliert wird. Dafür ein weiteres Beispiel: Häufig stimmen die in offiziellen Dokumenten der Ständigen Kommission Maschinenbau (SKM) des RGW so genannten „Vertreter der kompetenten Organe und Organisationen der Länder“ (sie sind übrigens ein Beispiel auch für die innerstaatliche Komplexität des Herangehens) über den Entwurf eines Internationalen Spezialisierungs- und Kooperationsvertrages (ISKV) ab. Wird dieser Vertrag dann von der SKM bestätigt, so erfolgen auf dessen Basis die Beratungen der Bevollmächtigten der Vertragsschließenden Seiten (BBVS).

In diesen Gremien sind meist Vertreter der betreffenden Kombinate tätig. Dort wird der ISKV in der spezialisierten Nomenklatur, insbesondere in Hinblick auf Erfordernisse aus Wissenschaft und Technik sowie bezüglich des Sortiments fortgeschrieben.

Die Direktive für das Auftreten des Vertreters aus der DDR wird vom zuständigen Industrieminister unterschrieben. Wenn mehrere Kombinate beteiligt sind, gehen dem weitere innerstaatliche Unterzeichnungen (u. a. bzgl. Ergänzungsvereinbarungen zu den ISKV) voraus. In den Direktiven wird der Verhandlungsspielraum weitgehend genau festgelegt. Vollmachtsprobleme existieren also kaum.

Probleme gibt es aber bei den BBVS, wie auch bezüglich der Arbeitsorgane der RGW-Organe (für die seitens der DDR nicht selten Generaldirektoren von Kombinaten als Vertreter benannt sind) in der Frage, in welchen Entscheidungssituationen unbedingt die benannten Vertreter auftreten müssen.

Diese Frage kann natürlich der Industrieminister operativ entscheiden. Effektiver wäre aber eine solche Regelung, die der genannten Entscheidungssituation genauer entspricht und ihr adäquat ist. In der Praxis herrscht nicht selten Unklarheit darüber, wann diese Entscheidungssituation gegeben ist. Würden hier die genannten Bewertungsmaßstäbe stärker auf die Kombinate wirken, wäre diese Entscheidungssituation für den Industrieminister und den Generaldirektor in jedem Fall klarer.

Solche Wirkungen können jedoch nicht allein von wirtschaftspolitischen Maßnahmen, ohne eine entsprechende juristische Übersetzung erwartet werden. Neue effektive juristische Lösungen sind durch Umsetzung der wirtschaftsleitungswissenschaftlich begründeten Erfordernisse der produkt- und objektbezogenen Wirtschaftsleitung mit den ihr adäquaten Ziel-Programm-Strukturen der Matrix-Organisation möglich. Das betrifft das ganze Komplexsystem des IWR.

Innerstaatlich sind dabei die Umsetzung der Aufgaben und der Aufgabenanteile an den Problemfeldern des Komplexsystems der Matrix-Organisation von besonderem Interesse. Hier interessieren u. a. jene Problemfelder, die an den Nahtstellen gleichzeitiger linien- und funktionalbezogener Leitung ein und derselben Entscheidungsaufgabe durch verschiedene Rechtssubjekte bestehen. Diese Problemfelder sind in der Regel bedeutend komplexer als jene, die in solchen Rechtsvorschriften wie über die Tätigkeit der TKO und der Hauptbuchhalter nicht durchweg mit diesem wirtschaftsleitungswissenschaftlichen Herangehen eine Regelung erfahren haben und deshalb vervollkommnet werden. Diese Problematik erlangt gegenwärtig mit der Neuunterstellung der meisten Außenhandelsbetriebe der DDR im Wirtschaftsrecht unsres Landes wegen der erforderlichen Wahrung des staatlichen Außenhandels- und Valutamonopols besondere Aktualität. Sie betrifft aber prinzipiell die gesamte rechtliche Regelung der Planung und Leitung der Volkswirtschaft in allen RGW-Ländern. Die wirksamere Regelung auch dieser Problematik wird – in Übereinstimmung mit der hier vertretenen Auffassung über die komplexe Einheit des Regelungsgegenstandes des IWR – positiven Einfluß auch auf internationale Vereinbarungen zur SÖI haben.

Gerhard Pflicke

# Zu einigen Problemen der Wechselwirkung der Leitung und Planung der Volkswirtschaften der RGW-Mitgliedsländer und der sozialistischen ökonomischen Integration

Auf den ersten Blick mag es so scheinen, als sei der Gegenstand dieser Beratung das spezifische Arbeitsfeld nur der auf dem Gebiete des internationalen Wirtschaftsrechts arbeitenden Rechtswissenschaftler – allenfalls mit Anforderungen noch an das benachbarte Wirtschaftsrecht und das Völkerrecht. Thesen und Referate machen jedoch deutlich, daß durch die sich hier vollziehenden historisch qualitativ neuartigen Prozesse die Rechtswissenschaft insgesamt, die Staats- und Rechtstheorie und viele Zweigdisziplinen, herausgefordert sind. Wir brauchen daher eine stärkere Teilnahme an der interdisziplinären Diskussion, die Bearbeitung dieser Entwicklung in den betroffenen Disziplinen, um diese neuen Probleme lösen zu können. Ausgangspunkt solcher Überlegungen ist der Stellenwert der auf dieser Tagung des Rates ins Blickfeld gerückten Probleme unter dem Gesichtspunkt eines erhöhten Beitrages des sozialistischen Rechts zur Lösung der Aufgaben auf wirtschaftlichem Gebiet in ihrer Bedeutung für den Frieden und der Fortsetzung der Wirtschafts- und Sozialpolitik, so wie sie vom XXVI. Parteitag der KPdSU und dem X. Parteitag der SED herausgearbeitet worden sind. Es geht hier um Voraussetzungen und Wirkungen der Leistungsentwicklung unserer Volkswirtschaft und der sozialistischen Staatengemeinschaft im Ganzen. Das ist entscheidend für die Wirtschaftsstrategie und für die Lösung der politischen Aufgaben überhaupt. Folglich werden davon die Anforderungen an die Entwicklung und Wirksamkeit des sozialistischen Rechts insgesamt, an alle Rechtszweige und so auch an die staats- und rechtstheoretische Verallgemeinerung bestimmt.

Für das sozialistische Wirtschaftsrecht gilt das unvermindert in besonderem Maße. In den Thesen wird zutreffend von den neuen Dimensionen der Verflechtung der Volkswirtschaftskomplexe der RGW-Länder und der notwendigen weiteren Vertiefung der sozialistischen ökonomischen Integration (SÖI) einerseits und von den Voraussetzungen hierfür und Wirkungen daraus in den nationalen Volkswirtschaften andererseits ausgegangen und hiervor die Wechselwirkung zwischen internationaler wirtschaftsrechtlicher und nationaler rechtlicher Regelung abgeleitet. Legitimerweise geschieht das in den Thesen aus der Sicht der rechtlichen Regelung der internationalen Beziehungen und folglich wird deutlich gemacht, welche Anforderungen sich daraus an die nationalen Regelungen des Wirtschaftsmechanismus, einschließlich deren zunehmender Synchronisation, ergeben. Die Transformation in die innere Leitung und Planung der Wirtschaftstätigkeit erscheint aus dieser Sicht primär als Reaktion auf international eingegangene Verpflichtungen. Selbstverständlich – das ist in den Thesen und in den Referaten wiederholt sichtbar gemacht worden – wird dabei gesehen, daß dies eine dialektische Wechselwirkung ist.

Es ist daher nützlich und notwendig, diesen Zusammenhang auch umgekehrt aus der Sicht der Volkswirtschaft und damit der wirtschaftsrechtlichen Regelung noch deutlicher sichtbar zu machen. Die volkswirtschaftliche Strategie, wie die der X. Parteitag der SED entwickelt hat, kann doch nur durch die entsprechende Entwicklung der sozialistischen ökonomischen Integration und insbesondere in Zusammenarbeit mit der UdSSR realisiert werden. So ist z. B. das Brenn- und Rohstoffproblem oder die Entwicklung der Struktur der verarbeitenden Industrie und die mit beiden Komplexen verbundene Herausforderung an die wissenschaftlich-technische Entwicklung der Erzeugnisse und der Technologien in dieser Größenordnung und mit diesen Zeithorizont ohne Entwicklung der entsprechenden Zusammenarbeit mit der Sowjetunion und anderen RGW-Ländern überhaupt nicht möglich. Die darin enthaltenen Varianten werden bestimmt von der Voraussicht in die mögliche Entwicklung der Leistungskraft der eigenen Volkswirtschaften in ihrer Verbindung mit der Erschließung der großen Möglichkeiten, die in der sozialistischen ökonomischen Integration eingeschlossen sind. Ausgehend von diesen Wertigkeiten, möchte ich das Problem der „Transformation", der Umsetzung international multi- oder/und bilateral getroffener Entscheidungen in die innerstaatlichen Entscheidungen als der notwendigen unmittelbaren Grundlage für die Realisierung der erforderlichen Wirtschaftstätigkeit, beleuchten. Dabei geht es vor allem um die inhaltliche Ausprägung dieses Begriffes unter den erreichten Entwicklungsbedingungen und den gegenwärtigen und künftigen Anforderungen. Unter dem Aspekt der angestrebten ideologischen Wirkungen müssen die Überlegungen aber einbeziehen, daß hier vom Wortsinn her ein zu enges Verständnis eben in Richtung auf eine Abfolge, eine „erst-dann-Vorstellung" nicht ausgeschlossen ist. Ihr muß bewußt jedoch entgegengewirkt werden. Aus der Sicht der nationalen Wirtschaft ist das Handeln zu vorandrängender Integration Aktion für die Entwicklung der Volkswirtschaft. Folglich ist das entsprechende Handeln im Integrationsbereich auch Reaktion. So richtig es ist, daß die Ergebnisse der Integration in die Bilanzen (ggf. mit Vorrang) einzuordnen sind, so ist die Gefahr von Mißverständnissen insoweit nicht ausgeschlossen, als es wie ein Nachfolgen der Bilanzierung aussieht. Es geht aber hier um viel mehr als nur um die Reaktion auf international schon getroffene Entscheidungen. Die Frage steht vielmehr so, daß das Niveau, auf dem die Bilanziertheit national wie international erreicht wird, bestimmt wird durch den Leistungsanstieg in der eigenen Volkswirtschaft, in dessen Wechselwirkung mit der Integration, d. h. mit den Leistungsmöglichkeiten in den anderen sozialistischen Ländern unter Ausnutzung der Vorzüge multi- und bilateral gemeinsamer Problembewältigung.

Die Aufmerksamkeit hierauf zu lenken bedeutet zwangsläufig, schon die Phasen der konzeptionellen Arbeit, der langfristigen und Fünfjahrplanung perspektivisch zu erfassen. Darauf hat unbeschadet der zweifellos gegenwärtig im größeren Maße notwendigen kurzfristigen Plan- und operativen Entscheidungen die Partei auf dem X. Parteitag, ausgehend davon, daß die erforderlichen tiefgreifenden, insbesondere strukturellen Veränderungen in der Volkswirtschaft wissenschaftlich-technische und konzeptionelle Arbeit mit solchem Zeithorizont erfordern, eindeutig orientiert.

Es mag scheinen, als ob das Recht davon nur bedingt berührt wird. Bekanntlich ist die Frage, inwieweit die Planung rechtlicher Gestaltung zugänglich ist, nicht nur umstritten, sondern um so komplizierter, je frühere Phasen des Planungsprozesses in die Überlegungen einbezogen werden. Das gilt für die nationale wie internationale Regelung. Aus der Sicht der internationalen Planungszusammenarbeit hat Bär in seinem Beitrag auf interessante neue Erscheinungen langfristigen abgestimmten Handelns hingewiesen und den Versuch gemacht, sie juristisch zu analysieren und zu bewerten. Das erfordert zuerst die Bereitschaft, über die durch iterative Erarbeitung geprägten Vorstellungen von Rechtsformen der Planung hinauszugehen. Zugleich sind aber die Spezifik und auch Grenzen des Wirkens des Rechts in den früheren Phasen ständig zu beachten. Von großer ideologischer Bedeutung ist jedoch das Verständnis dafür, daß es um weit mehr geht als um eine Ausdehnung der spezifischen Wirkung des sozialistischen Rechts auf jene Phasen. Es geht um die Wirksamkeit des Rechts im Prozeß der Planung bzw. in der Planungszusammenarbeit insgesamt; in diesen Phasen wird wesentlich über Voraussetzungen entschieden, von denen die Stabilität und Effektivität von Entscheidungen in allen späteren Planungsphasen und darüber hinaus bei der Organisierung und Gestaltung der Kooperationsbeziehungen im weitesten Sinne – u. a. bezogen auf wissenschaftlich-technische Zusammenarbeit, Erzeugnis- und Technologienentwicklung, Spezialisierung und Kooperation bis zum entsprechenden Warenaustausch – abhängt.

Aus den charakterisierten Entwicklungsanforderungen ergibt sich für das Wirtschaftsrecht die Aufgabe, die Forschungsarbeit auf dem Gebiete der rechtlichen Regelung der Planung fortzusetzen. Es geht darum, die Differenzierung der Verbindlichkeit bedürfender Inhalte der in den verschiedenen Phasen notwendigen nud realisierten Aktivitäten aufzudecken und zu klären, ob und inwiefern und in welchen Rechtsverhältnissen und Rechtsformen die Beteiligten in diesen Phasen aufeinanderein- und zusammenwirken, um die notwendigen Entscheidungen hervorzubringen. Dabei ist immer zu bedenken, daß der Planungsprozeß noch andauert, daß es um Stabilisierung in einem laufenden Prozeß geht, wobei jedoch die Entscheidungen in den vorangegangenen Phasen – sollen sie Grundlage des Handelns werden – bestimmte, die Stabilität des Gesamtprozesses fördernde rechtliche Wirkungen haben müssen.

Die intensive Reproduktion unter den Bedingungen des Bestehens großer Wirtschaftseinheiten verlangt in vielerlei Hinsicht die Erweiterung und Vertiefung der theoretischen Erkenntnisse auf dem Gebiete des Wirtschaftsrechts. Für die notwendigen Überlegungen zur weiteren Vervollkommnung der Arbeit der wirtschaftsleitenden Staatsorgane bilden sowohl die Integrationserfordernisse als auch die volkswirtschaftliche Verantwortung der Kombinate wesentliche Ausgangspunkte. Das gilt insbesondere für die qualitativen Veränderungen im Zusammenwirken zwischen den Industrieministerien, die gegenüber den Kombinaten als wirtschaftsleitende Staatsorgane die staatliche Leitung komplex realisieren, mit der Staatlichen Plankommission und dem Außenhandelsministerium. Gerade die bedeutende Rolle der Staatlichen Plankommission für die künftige Entwicklung der Wirtschaftsbeziehungen im Rahmen der sozialistischen ökonomischen Integration einerseits und die Direktbeziehungen, die die Industrieministerien und ihre Kombinate im Integrationsprozeß zu realisieren haben, andererseits erfordern sowohl das Zusammenwirken der genannten Organe im nationalen Planungsprozeß als auch die Verbindung ihrer Aktivitäten zur Organisierung und Gestaltung der internationalen Wirtschaftsbeziehungen in früher Phase, um inhaltlich und zeitlich synchron nach Erzeugnis- und Leistungsstruktur und Effektivität die besten Varianten herauszufinden und in Entscheidungen aller erfaßten Beziehungen zu überführen.

Die Bedeutung und die Entwicklung der Integration berührt aber auch noch tiefgreifend einen anderen Bereich des Wirtschaftsrechts. Ein großer Teil der Außenhandelsbetriebe ist in die Kombinate eingeordnet und demzufolge in die einheitliche Leitung des Reproduktionsprozesses des Kombinats vor allem mit dem Ziel, komplexe Neuerungsprozesse wirksamer zu beherrschen und bedürfnisbefriedigend und exportfördernd wirksam zu machen. Gleichzeitig muß der Spezifik Rechnung getragen werden, die sich hinsichtlich der staatlichen Leitung der Außenwirtschaftsbeziehungen für das Kombinat ergeben. Bei der einheitlichen Leitung des Reproduktionsprozesses im Kombinat geht es nicht darum, die volkswirtschaftlichen Prozeßregelungen jede für sich in das Kombinat einfach „durchzustellen". Diese Prozeßregelungen gestalten wesentlich die gesellschaftlichen Anforderungen an das Kombinat und den aus seiner volkswirtschaftlichen Verantwortung resultierenden Platz in der volkswirtschaftlichen Planung, Leitung und Kooperation. Einheitliche Leitung heißt, daß alle Leitungsaspekte diesem Gesamtziel dienlich wirksam werden und die einzelnen Leitungsaspekte dementsprechend aufeinander bezogen gestaltet werden müssen. Das erfordert auch eine entsprechende Ensemblewirkung der darauf bezogenen rechtlichen Regelungen. Innerhalb dieser muß der Spezifik Rechnung getragen werden, die sich aus der Eingliederung von Außenhandelsbetrieben in das Kombinat ergeben.

Dabei ist nicht zu übersehen, daß diese Spezifik erheblich ist. Die Konsequenzen aus dieser Veränderung sind tiefgreifend und je mehr sie real wirksam werden, um so mehr wird sich zeigen, daß eine Anpassung der konzeptionell von der Unterstellung der Außenhandelsunternehmen unter das Ministerium für Außenhandel geprägten Regelung der sogenannten Außenwirtschaftsbinnenbeziehungen nicht mehr ausreicht. Diesbezüglich muß die Forschungsarbeit in enger Zusammenarbeit mit der Praxis und der Wirtschaftswissenschaft rasch intensiviert werden.

Abschließend einige Bemerkungen zum inhaltlichen Profil der wissenschaftlichen Arbeit. Diese Tagung des Rates machte deutlich, welche Aufgaben auf dem Gebiete der Rechtsarbeit im RGW in den nächsten fünf Jahren zu bewältigen sind. Es ist in diesem Zusammenhang sichtbar gemacht worden, daß die Konzeption des internationalen Wirtschaftsrechts die praktische Arbeit zur Entwicklung der rechtlichen Regelung der sozialistischen ökonomischen Integration gefördert hat. Bedeutsam war in diesem Zusammenhang, daß sie die untrennbare Verbindung von Handeln der Staaten und Handeln ihrer wirtschaftsleitenden Staatsorgane und Wirtschaftsorganisationen sowie die dieser Verbindung entsprechende notwendige spezifische Verknüpfung der Regelung von internationalen und nationalen Wirtschaftsbeziehungen in neuer Weise zum Ausgangspunkt nahm.

Seit Ende der 50er Jahre ist das Institut für Wirtschaftsrecht der Hochschule für Ökonomie „Bruno Leuschner" bemüht, seinen Beitrag zur theoretischen Entwicklung des internationalen Wirtschaftsrechts zu leisten. Die ständige gemeinsame und interdisziplinäre Arbeit von Rechtswissenschaftlern auf dem Gebiete des sozialistischen Wirtschaftsrechts und des internationalen Wirtschaftsrechts im Institutskollektiv sowie der Zwang, sich mit den eigenen Ergebnissen den Ökonomen zu stellen, bildeten günstige Voraussetzungen für die theoretische Arbeit beider Disziplinen. Die Konzeption des sozialistischen internationalen Wirtschaftsrechts wie auch des sozialistischen Wirtschaftsrechts förderte dabei stets – sicher nicht ohne Mängel und auch nicht, ohne der Gefahr von Überbewertung des einen oder anderen Aspekts zu entgehen – produktive Fragestellungen für das Herangehen an die Lösung der gegenwärtigen und künftigen Aufgaben. Die Rechtswissenschaft mußte sich hier einer historisch neuen Erscheinung und Aufgabe stellen. Es ist gesagt worden, daß die Wissenschaft besondere Verantwortung für die Herausarbeitung und den systematischen Ausbau der Wissenschaftsdisziplinen trägt. Das ist richtig, jedoch nicht zu trennen von der Verbindung von Wissenschaft und Praxis. Das Herangehen an die wissenschaftliche Bearbeitung der in der Praxis anstehenden Aufgaben wurde und wird durch die theoretische Grundposition wesentlich orientiert. Selbstverständlich ist die erste und für einen Wissenschaftler unverzichtbare Voraussetzung dafür, daß er eine theoretische Position hat, sie immer wieder kritisch überprüft und weiterentwickelt, mit Engagement daran arbeitet und für seine Erkenntnisse auch dann kämpft, wenn andere sie in Frage stellen oder aufgeben, solange er sie für richtig hält.

Das schließt ein, daß er stets gründlich die Bedingungen für die Verwirklichung seiner Theorien prüft, daß er andere Auffassungen und die sich daraus ergebenden Möglichkeiten zur Problembewältigung sachlich prüft, daß er nicht ihm subjektiv „lieb gewordene Theorien" auch dann immer wieder vorträgt, wenn bereits erkennbar ist, daß damit gegenwärtige Lösungsanstrengungen und -möglichkeiten beeinträchtigt werden.

Entspricht eine theoretische Konzeption grundsätzlich den Entwicklungserfordernissen, so muß es auch eine weitgehende Kongruenz zwischen der wissenschaftlichen Arbeit, die die Praxis in einem bestimmten Entwicklungszeitraum erwartet, und der Forschungsarbeit der wissenschaftlichen Einrichtungen geben. Allerdings wird es jetzt noch darauf ankommen, Teilaufgaben und Schritte zu präzisieren und durch Intensivierung der wissenschaftlichen Arbeit und Konzentration auf die praktische Arbeit den notwendigen Erkenntnisvorlauf zu erreichen. Die rechtliche Regelung der Planungszusammenarbeit ist dabei eine wichtige Frage, obwohl für sie gegenwärtig in der Beratung für Rechtsfragen beim RGW keine konkreten Aktivitäten vorgesehen sind.

Ausgehend von der herrschenden Übereinstimmung, daß die Forschungsarbeit vor allem auf diese anstehenden Fragen konzentriert werden sollte, möchte ich aber unter dem Aspekt der Leitung wissenschaftlicher Arbeit Bedenken gegen die Absolutheit dieser Forderung äußern: Ein bestimmter Teil der Forschungskapazität sollte für wissenschaftliche Arbeiten verwendet werden, die eine längerfristige Entwicklung betreffen, gewissermaßen auf die Praxis von übermorgen gerichtet sind. Ich meine Grundlagenforschung mit größerem Zeitvorlauf. Die Naturwissenschaftler würden von Erkundungsforschung sprechen. Sicherlich gibt es so etwas auch in der Gesellschaftswissenschaft – und unter diesem Gesichtspunkt bedarf es wohl auch hier einer bestimmten Phantasie. Es versteht sich, daß man dabei nüchtern genug bleiben und der Gefahr der Euphorie entgehen muß. Solche Forschungsrichtungen schließen ein größeres Forschungsrisiko ein. Erkundungsforschung kann ggf. auch dann erfolgreich sein, wenn das Ergebnis negativ in dem Sinne ist, daß sich ein bestimmter Lösungsweg als nicht gangbar erwiesen hat. Durch die ideologische Relevanz der gesellschaftswissenschaftlichen Forschung gibt es hier gewiß brisante Fragen. Das darf aber in der Wissenschaft nicht den Blick für solche Aufgaben verstellen, sondern mit Engagement, Mut und politischem Verantwortungsbewußtsein müssen die anstehenden Probleme gelöst werden.

In der Grundlagenforschung haben wir zwar keinen „Hauptauftraggeber" aus der Praxis, dennoch ist sie unerläßlicher Vorlauf für die Praxis von morgen und übermorgen. Der Wissenschaftler muß dabei allerdings in Kauf nehmen, daß er die Aufmerksamkeit des Praktikers ggf. erst dann findet, wenn er im späteren Verlauf die praktische Nützlichkeit seiner Ideen deutlich machen kann oder sich diese Nützlichkeit über erkenntnisvermittelnde Stufen später einstellt, ohne daß Erkenntnisse der vorangegangenen Grundlagenforschung noch offengelegt werden. Wichtig und entscheidend ist die Erfüllung des gesellschaftlichen Anliegens.

# Autorenverzeichnis

*Dr. sc. Hans Bär*
Institut für Wirtschaftsrecht der Hochschule für Ökonomie „Bruno Leuschner“, Berlin

*Dr. sc. Wolfgang Engelmann*
Institut für Wirtschaftsrecht der Hochschule für Ökonomie „Bruno Leuschner“, Berlin

*Prof. Dr. sc. Manfred Kemper*
Institut für Wirtschaftsrecht der Hochschule für Ökonomie „Bruno Leuschner“, Berlin

*Prof. Dr. sc. Dietrich Maskow*
Institut für ausländisches Recht und Rechtsvergleichung der Akademie für Staats- und Rechtswissenschaft der DDR, Potsdam-Babelsberg

*Prof. Dr. sc. Gerhard Pflicke*
Institut für Wirtschaftsrecht der Hochschule für Ökonomie „Bruno Leuschner“, Berlin

*Prof. Dr. sc. Helga Rudolph*
Institut für Wirtschaftsrecht der Hochschule für Ökonomie „Bruno Leuschner“, Berlin

*Prof. Dr. sc. Lothar Rüster*
Institut für ausländisches Recht und Rechtsvergleichung der Akademie für Staats- und Rechtswissenschaft der DDR, Potsdam-Babelsberg

*Prof. Dr. sc. Hans Spiller*
Sektion Rechts- und Wirtschaftswissenschaft der Martin-Luther-Universität, Halle

*Prof. Dr. Heinz Strohbach*
Institut für ausländisches Recht und Rechtsvergleichung der Akademie für Staats- und Rechtswissenschaft der DDR, Potsdam-Babelsberg

Bei Fragen zur Produktsicherheit wenden Sie sich bitte an:
If you have any questions regarding product safety,
please contact:

Walter de Gruyter GmbH
Genthiner Straße 13
10785 Berlin
productsafety@degruyterbrill.com